元JALのトップCAが明かす

Former JAL CA reveals
"customer service" of the person
who makes the best decision

ベストパフォーマンスを発揮する人の「接客力」

桜井妙

Sakurai Tae

大和出版

はじめに

ベストパフォーマンスにおいて、必要不可欠なこと

- **お客様を第一に考えて接客しているけれど、なぜか空回りしてしまう**
- **自分なりに頑張っているけれど、お客様に満足していただけているか不安**
- **お客様の些細な言動に、必要以上に傷つきストレスが溜まってしまう**

あなたは、こんなことを思っていませんか？

お客様の役に立ちたい、喜んでいただきたいと、日々接客スキルを磨いているのに、なぜかうまくいかず、不安やストレスを感じるサービスパーソンはたくさんいます。

もちろん、お客様を第一に考えるのは素晴らしいことです。

しかし、接客スキルの向上だけでは、これらの問題は解決できません。

なぜならば、お客様のことを考えるあまり、あなたが自分の心や身体に対して無頓着になってしまっているからです。

はじめまして。桜井妙と申します。

JALの国際線CAとして28年間勤務、現在はコミュニケーションの危機管理講師として活動しています。私の講義には、航空業界だけではなく、介護や医療施設のスタッフ、JAスタッフなど様々な業種の方が参加してくださいます。

その際、必ずはじめにお話しするのが、「サービスパーソンの状態管理（セルフマネジメント）」についてです。

「自分がベストな状態でない限り、ベストパフォーマンスを発揮することは絶対にできない」

私にはずっと、「お客様のために、できることは何でもしたい」という強い気持ちがありました。実際、お客様の表情や声のトーンから心の機微を感じとり、1人ひとりに合わせたサービスを提供することで、喜んでいただくことがたくさんありました。

お客様への感謝の気持ちを伝えるために、機内サービスを超えて企画した「ハンドベルコンサート」や「ふれあいメール」は社長表彰をいただくなど、当時は会社や上司から期待され、やる気に満ち溢れた毎日を送っていました。

そんな充実した毎日を送っていたある日のこと、仕事中に突然の吐血。

機内から救急搬送されＩＣＵに入院しました。医師の診断はストレス適応障害――。

お客様のために、日々ベストパフォーマンスを目指していたのに、知らず知らずのうちに、私の身体は悲鳴を上げていたのです。

いま思えば、私は自分の心のＳＯＳを完全に無視して、何でも精神論と根性論で無理を重ねていたのですね。

本来接客業は、お客様から「ありがとう」と伝えていただける幸せな仕事です。

とくに日本の接客は、「おもてなし」が文化として生活に根づき、世界中から評価されています。ある海外のお客様は、日本のコンビニで「いらっしゃいませ」と笑顔で挨拶をされ、帰り際にも必ず「ありがとうございました」と声をかけられることに驚いていました。私たちにはごく自然に感じる風景ですが、世界中どこを探しても、そのようなコンビニやドラッグストアはないそうです。

お客様の気持ちを推測しさりげなくサービスする「おもてなし」は、間違いなく日本の強みです。**しかし、「至れり尽くせり」で、少し過剰な部分があるのも事実ではないでしょうか。「お客様は神様」と自分を犠牲にし尽くし続けてしまうと、昔の私のように、心が疲弊しきってしまいます。**

私はストレス適応障害になってから、心の健康を第一に考え、ライフスタイルを変えました。仕事やお客様へのグチは言ってはいけないとずっと考えていましたが、そんな自分も受け入れて、心の声に耳を傾け、自分を大切にしながら接客するようになりました。すると、どうでしょう。

ある日のこと、エコノミークラスに搭乗されたお客様から、

「僕は長年ＪＡＬに乗っているけれど、こんなに楽しそうに仕事をしているＣＡを見たことがない。満席のエコノミークラスでサービスをしながらお客様と本当に楽しそうに話す姿を見て、僕までフライトを楽しめた」

という、とても嬉しいグッドコメントをいただいたのです。

特別なサービスをしたわけではありませんでしたし、そのようなコメントをいただいたことに、そのときはただただ驚きました。

しかし、その後講師として心理学や脳科学を学んでいくうちに、「接客でベストパフォーマンスをするには、心の状態がカギだ」ということに改めて気づいたのです。

そもそもサービスパーソン側がストレスのない状態でいなければ、お客様に喜んでいただくベストパフォーマンスを発揮し続けることはできないのです。

どれだけ、接客スキルを積んだとしても、お客様を第一に考えても、です。

同時に「お客様もサービスパーソンも、双方の心が豊かになる接客」、これこそが、これからの接客のスタンダードになるべきだと考えました。

そこで本書では、次のような構成で、新しい接客の形をお伝えしたく思います。

Chapter 3　信頼のカギを握る「瞬時の判断力」
Chapter 4　優秀なCAほど知っている「自分の心を守る術」
Chapter 5　クレームを最小限に収める「リスクマネジメント」
Chapter 6　お客様に心から喜んでいただく「接客の極意」

大きな特長は、これらのベースには、「お客様だけではなく、サービスパーソンの心も豊かでいる」という視点があること。

加えて、これまでの私の実体験や、CA時代の優秀な先輩・後輩たちから学んだこと、優しくも厳しいお客様から学んだこと、講師になり心理学や脳科学を学ぶ中でわかったこと、など本当に効果のあるものばかりを集めております。

読むことでまず、あなた自身の心がラクになり、さらに実践することでお客様に対する真のベストパフォーマンスが自然とできるようになるはずです。

この本をきっかけに、あなたの接客における新たな一歩となることを心から願っております。それでは、早速、本文をスタートいたしましょう。

桜井妙

Chapter 1

自分も相手も幸せになる「接客の姿勢」

Chapter 2

また会いたいと言われる「ワンランク上の心配り」

Chapter 3

信頼のカギを握る「瞬時の判断力」

Chapter 4

優秀なCAほど知っている「自分の心を守る術」

Chapter

5

クレームを最小限に収める「リスクマネジメント」

Chapter 6

お客様に心から喜んでいただく「接客の極意」

Chapter

1

自分も相手も幸せになる「接客の姿勢」

01 姿勢が美しいサービスパーソンに共通すること

接客の姿勢とは何でしょうか？

単純に「姿勢」という言葉から連想するのは、立ち姿やお辞儀かもしれません。

多くの新入社員は入社研修で「美しい姿勢・立ち姿・歩き姿」をトレーニングします。私もビジネスマナー講師として、「背筋をピンと伸ばし、お辞儀の角度は15度〜45度。挨拶の言葉を言ってから美しい姿でお辞儀をしてください」というように指導してきました。

ところが、入社して数ヶ月が経つと、美しい姿勢は忘れ去られてしまいます。

デスクワークが増えるからか猫背やストレートネックになる人が増出し、肩こりや頭痛に悩む人まで出てきます。もしかすると、職場の人間関係などのストレスに適応できず、身体に影響が出て姿勢まで歪んでしまうのかもしれません。

しかし一方で、一部の接客・サービス業では、入社研修の頃とは見違えるほど、美しい姿勢でキビキビ働く新入社員を目にすることができます。

マナー講師になったばかりの頃の私は、そんな姿を見て「美しい姿勢を忘れる人もいる一方で、姿勢に磨きがかかる人もいる。その違いは何だろう？」と不思議に思いました。接客はお客様の目を意識する仕事です。しかし必ずしも、接客業に就いているすべての人の姿勢が美しいわけではありません。

自らの経験を振り返り考えていくうちに、たどりついた１つの答えが、人生の明確な「目標と目的」を持っているかどうかでした。

私がＪＡＬに入社した当時、一般的なマナー講習は一切ありませんでした。最初の研修はマナーではなく、禅や日本茶道の講習。鎌倉で座禅を組み、茶道も体験しました。

そして、すぐに専門訓練。機内で使う英語と緊急時に関する知識は、合格点を取れなければＣＡになることができません。また、国際線の機内には一流の食事も搭載されるため、舌を噛みそうなワインやチーズの名前を覚えること、ホテルマンのように美しく食事を提供することが求められました。とくにドイツワインの名前は長く、意味もわからなかったので暗記することに苦労しました。

20歳の私は、毎週月曜日の確認テストに合格するために、無我夢中で訓練を受けることしかできませんでした。

そんな私も訓練期間を終えると、無事に国際線のＣＡとして世界の空に羽ばたきました。乗務しはじめたとき、私が最初に意識したのは、やはり「美しい姿勢」です。その理由は、大先輩たちの姿勢をいつも見ていたからだと思います。

専門訓練がはじまる前、現役で活躍する会社を代表するような大先輩が、ＣＡの仕事についてさまざまなお話をしてくださいました。

当時すでに40歳を超えていた大先輩たちは、年齢を感じさせない品のある魅力や、経験によって磨かれた自信に溢れていて、そこには特別な美しさがありました。すべてが如才なく素敵でした。深い人生経験が「美しい姿勢」に凝縮されているように感じ、訓練生は一瞬で魅了されたのです。

そして、**大先輩たちのように、凛とした女性になることが、私の人生の明確な「目標と目的」になりました。**

接客は、美しい姿勢が求められます。あなたもぜひ、いまの姿勢をチェックしてみてください。もし美しい姿勢ができていないならば、その理由を自分の心に聞いてみてください。

POINT

「未来への覚悟」は、凛とした姿勢に表れる

02 「ベストパフォーマンス」が生まれる裏側って?

私が考える「ベストパフォーマンス」は、お客様からよい評価をいただき、結果を出している状態とは少し違います。

それはどういうことかというと、自分がベストを尽くせる状態になることが目標で、必ずしも結果を出すことを目標にしていないのです。結果を出し評価されることが重要だと理解していましたが、それよりも大事なことがあると感じていました。

あるフライトで不思議な出来事があったのでご紹介します。

接客中に、お客様や仲間が何を求めているのかが瞬時にわかり、身体が勝手に動いた瞬間がありました。お客様や仲間との境界線が消えたようなイメージです。

時間の感覚はなく、気がついたらすべての機内サービスを終えていて、シートベルトサインがつく時間でした。お客様や仲間だけでなく飛行機までも1つになったような不思議な感覚で、接客を心から楽しんでいました。

お客様からは「ありがとう」「また乗るよ」という嬉しいお言葉をたくさんいただき、達成感や充実感だけではなく、お客様や仲間へ別れがたい気持ちまで感じました。

なぜそのようなフライトになったのか、覚えているのは、偶然心身ともに元気なメンバーが集まっていたということです。熱意や意欲もあり、最初から今日は皆でいいフライトができると感じていました。

とにかくまるで、ゾーンに入ったかのように皆が深く集中していました。

この状態こそが「ベストパフォーマンス」だと私は思います。

フライトに乗務したCAたちには、きっと、時差で睡眠不足だったり、高度1万メートルの気圧の負担が強く身体にかかっていたり、過度な緊張やコミュニケーショントラブル、よい評価をもらいたいという自分のエゴなど、ベストを尽くせなくなるような障害もたくさんあったと思います。

しかし、障害があるのを前提として、身心ともに健やかな状態に保つ術を知ってい

たからそこ、ベストパフォーマンスを発揮できたのだと思います。

サービスパーソン自らの心身状態が整っていなければ、お客様を第一に考えて行動することなどできません。また、自分の状態がよいときには、仲間にもよい状態が自然と伝染します。そして、その元気な仲間の笑顔から、逆に私が元気をもらうこともよくありました。フライトはチームですから、チーム全体で補い合うのです。

この経験から、ベストを尽くすために私が唯一できることは「自分の状態管理（セルフマネジメント）」だと確信しました。自分の状態管理ができていれば、どのようなことがあってもベストを尽くすことができるのです。

本書では、その方法を様々な角度からお伝えしていくので、ぜひ楽しみにしていてください。

POINT

健やかな人には、勝負の神様がついている

03 「3つのSTEP」で完璧な準備をはじめよう

決意は、口で言うのは簡単です。

しかし、ベストを尽くそうと頑張っても、決意通り結果を出すのは難しいものです。

私たちは結果が出せなかったときに、できなかった言い訳を探してしまいます。

そして、言い訳に責任を押しつけ「次こそは頑張ります」「今度こそベストを尽くします」と、また同じように宣言します。あなたにも身に覚えがありませんか？

このパターンを繰り返すと、周りに信用されなくなるか、言い訳をする自分自身に嫌気がさし、ベストパフォーマンスを発揮する心理状態ではなくなってしまいます。

いますぐこのパターンから、抜け出しましょう。

「ベストパフォーマンス」と聞いて私たちがすぐに思い浮かぶのは、イチロー選手ではないでしょうか。あるインタビューで、「結果は本番前に決まっている」とおっしゃっていました。つまり、「一番大切なことは、試合前に完璧な準備をすること。準備というのは、言い訳の材料となり得るものを排除していくこと。そのために考えうるすべてのことをこなしています」と。

いかがでしょうか。まったくその通りだと頷いてしまいます。

精神論だけでは、よい結果を出せるわけがありません。

私は訓練生の頃に、この「完璧な準備をすること」の意味を学びました。

試験勉強のために年末年始は帰省せず、故郷の成人式にも参加しないなど、訓練に支障がでそうな要因をとことん排除したのです。そうしないと、私の能力ではＣＡになれないと自覚していたからです。

しかし、準備は勉強だけでは不十分。健康管理も必須です。

学生時代は風邪をひいたら簡単に休んでいましたが、訓練中は休むと訓練が受けられません。自分の意志で、風邪をひかないよう健康管理をするようになりました。

時間管理も当たり前。遅刻や無断欠勤という言葉は人生からなくなりました。

失敗を避けるために完璧な準備をする。そのために、言い訳のもとになりそうな要因を排除しました。

イチロー選手が常にベストパフォーマンスを出せるよう研究し、工夫を重ねたように、私にもいつもしていたベストを尽くすための準備があります。

- **STEP1　目的と目標を明確にする**
- **STEP2　覚悟を決める**
- **STEP3　感情のマネジメントをする**

この3つのSTEPは、シンプルですが心の姿勢を正し、ぶれずに道を進ませてくれます。次の項目から1つずつ見ていきましょう。

POINT

不安をとり除く方法は、事前準備のほかになし

04 STEP1 目的と目標を明確にする

「目的と目標の違いは何でしょうか？」

私はセミナーや研修で毎回この質問をします。

目的も目標もよく使う言葉ですが、この質問に自信を持って答えられる人はほとんどいません。なぜこの質問をするのかと言うと、前に進むために必要な質問だからです。何かを実行し達成するためには、目的と目標の意味を正しく理解しなければいけません。では、一緒に意味を確認しましょう。


目的は、「的」という字からわかるように、目指す到達点やゴールのこと。

弓道の的を想像してみてください。的は必ず1つ、同じく目的も1つなのです。

わかりやすく言うならば、登山のときに目指す山の頂上のようなものです。

一方で目標は、目的を達成するための具体的な手段のこと。

「標」は道標と使われるように、途中で目に見えて認識できる通過点を指します。

入社時、私は完全に目的と目標を混同していました。

当時は目的を「CAになること」と考え、CAになった途端目的を達成したと思い込みました。そして次の目的は、とりあえず「接客を学ぶこと」にしました。しかし、ひとえに接客と言っても、その意味合いは幅広く、あまりにも漠然としています。挨拶1つをとっても先輩CAたちの挨拶は何かが違い、一般的な接客の知識だけでは不十分ということだけ想像できましたが、どこを目指せばいいのか、自分ではわからず途方にくれました。

そんなとき、上司のチーフが私にこう聞いたのです。

チーフ「桜井さん、あなたは誰のために仕事をやっているのですか?」

私「もちろん、お客様のためです」

チーフ「では、なぜJALのCAになったのですか? ほかの職業でもお客様のために仕事はできますよ」

確かにその通りです。ドキンとして答えに詰まりました。

私はこの「なぜ」という質問で、自分の仕事と人生について考えなければならなくなってはじめて、目的と目標がハッキリしました。

私の人生の目的は、「CAという仕事を通して、自分の人生を充実させること」。その目的を達成するために、そのつど必要な目標を立て達成するようにしました。

「なぜ」を突き詰めて考えることで、目的はぶれないまま28年間飛び続けることができたのです。

「目標」は常に変わっていい

先ほど述べたように、目標は経験を重ねるうちに変えました。

たとえば、あるときは日々の機内業務から外れることを目標にしました。

なぜなら、お客様に感謝の気持ちを直接伝えたかったから。この目標は「ふれあい

「Why（なぜ）」「How（どのような）」で目的と目標が明確になる

なぜ、接客業を選んだのですか？	（なぜならば）人と関わるのが好きだからです
なぜ、好きなのですか？	（なぜならば）いろんな話ができて楽しいからです
なぜ、楽しいのですか？	（なぜならば）人の笑顔を見れるからです
では、人の笑顔を見たときどのような気持ちですか？	どのような？ ええと、幸せな気持ちです

私は接客業を通して、幸せな気持ちになりたい

接客中どのようなときに幸せな気持ちになりますか？	お客様が喜んでいるときです

たとえば、どのようなことでお客様は喜びましたか？

お客様が機内でイヤリングを片方紛失したときに、
私が一生懸命探し続けやっと見つけると、
とても喜んでくださいました

目標

喜んでいただくために、一生懸命に行動する

メール」という企画として先輩を中心に5人で実行しました。

営業や広報も関わる大きな活動になりました。そして活動内容を先輩と2人で、役員会でプレゼンしました。役員会は部長も出席できない大きな会議です。CAが役員会に参加することは異例中の異例。そこからこの活動は周知され、新聞や雑誌で紹介していただき、最終的に社長表彰をしていただきました。

私たちがなぜこの企画を実行しようと思ったのか、それには理由があります。

前年、JALは大きな事故を起こしました。それにも関わらず、JALを選んで乗ってくださるお客様に心から感謝していましたが、その気持ちがうまく伝えられないこと、よい接客をしたいのに心の底から明るい気持ちになれないことに皆葛藤していました。

これではいけないと突き動かされて、先輩と一緒に顧客様や関係者様全員に、感謝の気持ちを直筆で綴った搭乗御礼のハガキを出すことにしたのです。

これができた理由は、チーフから「なぜ」と問われ、自分の人生の真の目的に気づいたから。目的は「なぜ（Why）」で深堀りして、目標は「どのような（How）」と質

問することで明確になります。

私の目的は「CAという仕事を通して、自分の人生を充実させること」、そう決めていたからこそ、「機内サービス」という枠を越え行動できました。接客力を違う視点で捉え実行したことで、物事の見方の視野と考え方が大きく変わったのです。

あなたは、ベストパフォーマンスを発揮してどんな未来を手に入れたいですか？

同じ仕事をしていても、未来予想図は皆違います。たとえば、「高い顧客満足を実現してサービスに磨きをかけたい」と接客業を極めたいCAもいれば、コミュニケーション力という強みを活かし「NPO法人でボランティアをして、たくさんの人と関わりたい」というCAもいました。

未来が目的になるのです。目的がはっきりすれば自ずと目標が見えてきます。

POINT

目的は「人生の到達点」、目標は「現状の道標」

05 STEP2 しっかりと覚悟を決める

さて、目的は「なぜ」という質問で明確になるとお伝えしました。
ベストパフォーマンスを発揮している人は、目的が定まったあと何をしているのか。
それは「覚悟を決めること」です。

- **達成した先の結果が理解できる**（思考）
- **やりたい気持ちになる**（感情）
- **強い覚悟を身体に刻む**（感覚）

人間はこの条件を満たさないと、目的をやろうという気持ちが起きません。
目的を定めても、すぐに行動に移せないという経験をしたことが誰しもあるのではないでしょうか。

学習塾のＣＭで、子どものやる気スイッチを塾の先生が押すというものがありました。背中についているスイッチを押すと、やる気のある子どもに変身するという映像です。しかし、実際には他人が人のやる気を促すことは難しいものです。親が口煩く言っても、ご褒美をちらつかせても、勉強しないと将来が大変だと教えても、子どものやる気スイッチをＯＮにすることはできません。**もし勉強をはじめたとしても、真のやる気でなくその場逃れの見せかけのやる気では、行動は継続しなくなります。**

心理学や脳科学では、「脳は快を好んで痛みを避ける」と表現されます。

たとえば、人と関わることが好き（快）で接客業に就いたとしても、仕事をするうえで苦手とすることや不安な気持ち（痛み）があれば、不安な気持ちのほうが行動の決定権を握ってしまい、前に進めないということです。**思考で目的を定めても、脳では「感情」のほうが思考より早く反応してしまうのです。**

自分の心の底にある不安感を無視しながら接客をしていても、エネルギーは湧きません。接客はお客様から反応が返ってくるからこそ楽しいのに、それを楽しむ余裕がないのは、あまりにもったいないことです。

では、好きなこと、やりたいことだけを目的にすればいいのでしょうか。

これも違います。**自分の実力よりも難しいことや、困難なことにチャレンジしてこそレベルアップができるのです。**

たとえば、ピアノが好きで、最初は「猫ふんじゃった」が弾けるようになり満足したとします。すると今度は、もっと難しい曲が弾きたくなります。好きだからこそ向上心が生まれます。新しい演目を達成するたびに達成感と技術が上がるので、演奏はさらに楽しくなり練習が嫌ではなくなります。

そんなある日、「ラ・カンパネラ」を聴いて深く感動したら、いつか自分も弾いてみたいと憧れを抱くかもしれません。名曲「ラ・カンパネラ」は、世界中のピアニストたちが選ぶ一番難しい曲。弾けるようになるまで血のにじむような練習をするしかありません。しかし、絶対に弾いてみたいと強く願う「感情」「感覚」があれば、それがやる気になり、練習が辛くても「やるぞ！」という覚悟が練習を継続させます。

人生は、小さな覚悟の積み重ねです。

そして、覚悟が決まるのは「向上したいとき・変化したとき」です。

接客業をはじめて間もないころは、お客様に話しかけられるとしどろもどろになり、気の利いた返答ができないかもしれません。しかし、だんだん余裕が生まれると、お客様とコミュニケーションをとりたくなります。**そんなときに、「今日は、『いらっしゃいませ』という挨拶のあとに、一言添えてみよう」と決めるのも立派な覚悟です。**

接客に慣れてきて生まれた「楽しい気持ち」や、一歩踏み込んだ会話に「チャレンジしたい気持ち」。自信はなくても気持ちが強いとき、それが覚悟になるのです。

POINT

結局は、好きこそものの上手なれ

06
STEP3 感情のマネジメントをする

前項では、目的を達成するための覚悟のつくり方をお伝えしましたが、この状態は永遠には続きません。悲しいかな、やる気スイッチが機能しなくなるような突発的なことが人生には起きるのです。

たとえば、「初対面のお客様からいきなり怒鳴られた」「お客様が勘違いしたのに、私のミスになった」「笑顔で挨拶したら、冷たく無視された」など、あなたも仕事中こんな経験をしたことはありませんか？

不用意に怒鳴られると誰でも心が深く傷つきます。ミスが自分のせいになったら、誰でも釈明したいものです。ところが、相手がお客様の場合は、言葉を呑み込まなければならずイライラするでしょう。また、心を込めて笑顔で挨拶しても、無視され続けたら心が折れてしまい悲しくなりますよね。

このようなネガティブ感情が生まれると、私たちは感情の奴隷と化してしまいます。

ネガティブ感情はポジティブ感情より3倍強いと言われています。

ノースカロライナ大学のバーバラ・フレドリクソン教授の研究で「ポジティブ感情とネガティブ感情には黄金比があり、3：1以上の割合であると自己成長に繋がり幸福感が高まる」ということがわかったそうです。**これは、ネガティブ1を感じた場合、ポジティブ3以上を感じないと幸福感は高まらないということです。**

たとえるなら、ダースベイダー1人を倒して幸福になるには、ジェダイの騎士3人以上で戦う必要があります。つまり、そのぐらいネガティブな感情は私たちに、強いダメージを与えているのです。

ビジネスでは数年前からアンガーマネジメントが話題です。

怒りはネガティブな感情の代表。パワハラ・モラハラなど怒りにまつわる問題が増えたのも一因ですが、ビジネスのみならず、つい感情的になってしまいSNSで問題発言をする人も増えました。あおり運転や家庭内暴力、虐待は、ネガティブな感情である怒りに呑み込まれた攻撃的衝動です。

このように、いまの社会では多くの人が感情のマネジメントができず悩んでいます。

一方で接客業は「感情労働」と称されるように、自分の感情をコントロールすることが常に求められています。たとえば、プライベートで悲しいことや辛いことがあった場合でも、お客様の前では、明るく振舞わなければなりません。さらにサービスパーソンは会社のイメージと直結するため、好印象を抱かれる立振る舞いが求められます。お客様からのクレームには、動揺せずに冷静に対応。また、さきほどお話ししたように、直接お客様のネガティブな言動に対応することもあります。

一読すると、感情の渦の中に翻弄されるとても大変な仕事に思えるかもしれませんが、実際はその逆です。ポジティブな感情、優しい気持ち、前向きな気持ちになることのほうがはるかに多いです。

たとえば、仕事として接客しているのに、お客様からいつも感謝されます。人から常に「ありがとう」と言われる仕事はそう多くはありません。「ありがとう」という言葉ほど人を幸せにする言葉はほかにはありません。
そして宝石のような美しく清らかな感情にもたくさん出合います。豊かな感情が生み出す奇跡の瞬間に私は何度も出合いました。そんな体験ができる仕事です。

感情に振り回されると、目的や目標を見失います。
感情をうまくマネジメントできると、仕事のみならず、自分の人生をマイナスからプラスに簡単に変える方法を手に入れることができるのです。感情を制する者は人生を制する。それは決してオーバーな言葉ではないので、一緒に本書で学びましょう。

POINT

感情に振り回されないから、美しい感情に気づける

07 冷静な判断ができる人は「EQ」が高い

接客業は感情労働なので、ほかの仕事よりも感情コントロールができなければいけません。サービスパーソンにとって人の感情を理解することは必須ですが、永遠の課題でもありますよね。私も理不尽な要求・過度の要求をするお客様に対応しなければいけないとき、自分の感情の処理に苦労しました。

感情をコントロールするときに役立つ概念として、「EQ」があります。EQ(Emotional Intelligence Quotient)とは、心の知能指数のこと。

IQが高いと頭がよいように、EQが高いと感情を制して冷静に判断行動できることを意味します。 エール大学のピーター・サロベイ博士とニューハンプシャー大学のジョン・D・メイヤー博士が「感情が私たちの行動に重大な影響を与えている。感情をうまく管理し、利用することは、1つの能力である」と提唱したのがはじまりです。その後、心理学者のダニエル・ゴールマンが1996年に『EQ こころの知能指数』という本を出版すると、世界中でEQという言葉が使われるようになりました。

このEQを基にした「4つの視点」は、接客にもとても役立つのでご紹介します。

①感情の識別 「いま、自分はどんな感情をもっているか」に気づく

接客中に強い感情を感じたら、その感情を言語化します。怒りだったら、「腹が立った、怒った、かっとなった、イライラした、ムカついた、カチンときた、モヤモヤした、キレた、不愉快だった、面白くなかった、ハラワタが煮えくりかえった、頭に血が上った」など、ひとえに怒りと言っても微妙な違いがあります。

自分の中で生まれた感情をスルーせず、気づくことからスタートです。

②感情の利用 感情は自分次第でプラスにもマイナスにも変えられる

青色発光ダイオード（LED）の開発で、2014年ノーベル物理学賞を受賞した中村修二氏は、「研究の原動力はアンガー（怒り）だ。いまも時々怒り、それがやる気

になっている」と発言しています。私は接客中、お客様から「こんなことできないよね？」と言われた途端、メラメラと負けず嫌いな感情が湧き上がり、「できます！」と不可能を可能にしてしまうことがありました。**ときとして、このような強い感情は行動のエネルギーになります。**目的を遂行するためには感情をうまく利用しましょう。

③感情の理解　感情とは何か理解し、自分の価値観にとらわれない

アンガーマネジメント協会は、怒りは、「〜するべき」というべき思考が原因だと説いています。「べき思考」とは自分のこだわりや譲れない価値観のこと。人の価値観は多種多様です。たとえば機内で食事を提供する際、外国人のお客様が多いのでコーヒーをおすすめしたら、ほとんどのお客様が日本茶を召し上がったことがありました。「外国人はコーヒーを好む」という、私の価値観が覆された瞬間でした。

このように、自分の価値観をすべてだと思うのは要注意。お客様が怒り出すときも、価値感に合わなかったからという理由がほとんどです。

④ 感情の調整　感情コントロールの方法を学び続ける

自分の感情に気がついたら、あとはどのようにコントロールするかですが、「リフレーミング」「認知行動療法」「マインドフルネス」など様々な方法が挙げられます。本書でも随所で紹介するので試してみてください。

ここで覚えてもらいたいのは、「心身一如」という状態です。心身一如とは身体と心は分けることができず、強い相関関係にあるということ。**負の感情を我慢し続けると、体調不良として表れます。身体に現れる心のSOSを見逃さないようにしてください。**

最後にあなたに知っていただきたいのは、EQテストのスコアが、日本は世界最下位という事実です。感情コントロールは日本社会全体の課題です。感情の問題を無視することは、もはやできないのです。

POINT

自分の感情だけ、無視していませんか？

08
お客様は神様ではなく「閻魔様」

「お客様は神様です」

これは、国民的歌手の三波春夫さんの言葉ですが、いまとなってはご本人の真意とは違う意味で使われてしまっています。ご本人は澄み切った心の状態で歌うために、邪念を払うように神前で祈る様子を、目の前のお客様に置き換え、「お客様は神様です」と表現したようです。

その後、漫才トリオのレツゴー三匹さんが「三波春夫でございます。お客様は神様です」という表現を流行させて、この言葉は世の中に定着しました。

三波さんはＨＰに「人間尊重の心が薄れたこと、そうした背景があったからこそ、この言葉が流行ったのではないだろうか」と書いていました。

接客業では、この言葉が1人歩きしています。歌うときの心構えを表した言葉にも関わらず、三波さんの真意を無視して言葉だけ都合よく利用されています。

もしお客様が「お客様は神様だろ！　俺の言う通りにしろ！」などと言ったら、それはカスタマーハラスメントです。そもそも、神様はそのような傲慢な態度など取りません。それは神様に失礼です。

「お客様は神様です」と同じニュアンスで使われているのは「滅私奉公」。本来の意味は、「私利私欲を捨てて、主人や公のために忠誠を尽くす」という日本人の美徳です。

しかし現在では「社員は自分の身を会社に捧げなければいけない」という間違った解釈が広まっています。

接客は私利私欲を捨てて、純粋なホスピタリティのもとで行われると感動が生まれますが、逆に気持ちが伴わないのに、「お客様は神様で、滅私奉公すべき」などといった形だけ実践しても意味はありません。

「お客様は神様ではなく閻魔様である」

これは以前ある本で見かけた言葉ですが、私も同じ想いです。

どういう意味かというと、人間の死後、閻魔様は人間をさばきます。閻魔様の法廷には特殊な鏡があり、そこに生前の行為がすべて映し出されるそうです。つまり閻魔様の尋問で嘘をついても、たちまち見破られるということです。

お客様は魔法の鏡がなくても、接客する私たちの一挙手一投足・表情・声の抑揚、選ぶ言葉から心を見抜きます。

接客に慣れてくると、「権威効果」「ミラーリング」「オウム返し」「コールドリーディング」などの心理テクニックを学ぶ人もいるかと思いますが、そこに気持ちが伴っていないのだとしたらすぐに見抜かれてしまいます。「お客様のため」の接客ではなく、「自分の利益のため」にお客様を利用するような行為は絶対にやめましょう。

でも、誤解はしないでください。あなたが誠実に接客すれば、閻魔様はニッコリ微笑み、優しい神様に変身します。

新人の頃、私はお客様とどのように会話すればいいか知恵がありませんでした。

ビジネスクラスのお客様の中には父親くらいの年齢の方が多かったのですが、紋切型の挨拶ぐらいしかできない私に「君は新人？　僕の娘と同じくらいの年齢だね」とお客様のほうから話しかけてくださり、緊張をほぐそうとしてくださいました。

「さっきの笑顔よかったなぁ。あぁいうふうにニコッとされるとお客は嬉しいよ。素直な笑顔は神様からもらったギフトだから、大切にしたほうがいいよ」と、まるで自分の部下を育てるように、どんどん私の可能性を引き出してくださるのです。本来は私からお客様に気遣い、心配りをしなければいけないのに。

このような経験から、私はCAという仕事が大好きになりました。

接客のスキルは未熟でも、誠意をもって対応しようと思うようになったのは、心優しい閻魔様たちのおかげです。素晴らしいお客様にたくさんお目にかかりました。

そしてコロナ禍を経て人々は、物事の本質に意識が向いています。

お客様はサービスを〝誰から〟受けたいか。「人」を重視するようになりました。

私たちは、「あなたからサービスを受けたい」と選んでいただいたお客様の喜びに繋がるよう、自分にできることは最大限するという覚悟を改めて持つことが大切です。

冒頭に例に挙げたような上下関係の生じる関係ではなく、お客様と新しいｗｉｎ－ｗｉｎな関係を構築できる時代が、ついにきたように感じています。

接客について原点に戻り見つめなおす絶好の機会です。

閻魔様と共に仲良く手を繋ぐような新しい接客スタイルを、どうかぜひ皆さんの手でつくってください。

POINT

その誠意は、きちんとお客様に伝わっている

Chapter

2

また会いたいと言われる「ワンランク上の心配り」

09
「バイネーム」には3つの意志を込めよう

接客に対する評価は、自分たちで決めるものではありません。お客様が決めてください ます。その中でも、「また利用するか、二度と利用しないか」は一番わかりやすい接客への評価ではないでしょうか。そこで、お客様に「また利用したい」と思っていただくために私たちができることを、この章で一緒に考えていきましょう。

ある会社に問い合わせの電話をしたときのことです。

「桜井様、おはようございます」という声が受話器の向こうから聞こえました。名前を添えた丁寧な挨拶に、私は軽い驚きと気恥ずかしさ、そして、その会社への親しみを感じました。

このように名前を呼びかけること、これをバイネーム（by name）と言います。

「歓迎を伝える」ためにバイネームを使う

お客様のお名前がわかるとき、名前を添えてお声がけすることはCAの常識です。搭乗前の機内では、各自が割り振られた担当エリアで、サービスに必要なものをテキパキと準備します。猫の手を借りたくなるほど忙しい時間帯です。

ただ、どんなに忙しくても、担当するお客様のお名前は急いで暗記します。搭乗までの限られた時間なので完璧には覚えられませんが、地上スタッフから直前に手渡されたネームリストを、意識して頭に入れます。

このバイネームに関して、私には強いこだわりがありました。

たとえば、「17Aの田中様」と記された搭乗券を持ったお客様がお乗りになったら、必ず自分から「田中様ですね。いつもご搭乗ありがとうございます」と笑顔でご挨拶をしました。

サービスは「先手必勝」。お名前はなるべく早く、こちらから呼びかけてこそ意味

があります。なぜならば、先に挨拶するという行動は「謙虚さ」を表し、「あなたとコミュニケーションをとりたい」という意思表示でもあるからです。

先手必勝という言葉は将棋や囲碁から生まれた言葉ですが、相手より先に攻撃すると有利になるという意味合いがあります。サービスは、サービスパーソンから行動を起こせば「気遣い・心配り」になりますが、後手に回りお客様から声をかけられたならば、それは「お客様への配慮が足りていない」ということになってしまうのです。

また、地上スタッフと連絡を取るために、必ず誰か1人は、すべてのお客様の搭乗が終わるまで入口に立っている必要があります。

その際に、担当のお客様が搭乗されたら「17Aの田中様です。ご案内お願いします」と必ずお名前を添えて、ほかのCAにご案内をお願いしていました。

「お客様のご案内をお願いします」でも伝わりますが、それだとお客様は、ご自分のことを大切にされているようには感じないのではないでしょうか。老舗旅館や一流ホテルのスタッフの方が、意識的に名前を呼んでくださるように、お客様へ歓迎の気持ちを伝えるにはバイネームが効果的なのです。

「ご協力を仰ぐ」ためにバイネームを使う

バイネームを使う意図は、「歓迎の意思表示」だけではありません。

私は、ほかにも明確な意図を持ってバイネームを使っていました。

たとえば、アテンダントシート（非常口サイドにあるCA用の席）の前にお座りになるお客様へのバイネーム。チーフ業務をするようになった頃から、自分の前にお座りになるお客様のお名前は、必ず事前に調べていました。

担当エリアのお客様や顧客様のお名前は事前に知らされますが、そうでない方のお名前はわかりません。搭乗がはじまる前のごくわずかな一瞬、いまだと思ったら走って搭乗ゲートに行き、地上スタッフに調べてもらいました。

そして、離陸前にアテンダントシートの前にお座りになったお客様に、「井上様、いつもご搭乗ありがとうございます。桜井と申します。本日は、どうぞよろしくお願いします」と、必ず言葉を交わすようにしていました。

なぜ、このようにしたのかというと、万が一の緊急時のためです。

非常口付近の座席に座ったことのある方ならご存じかもしれませんが、その座席のお客様には「ここは非常口に接しています。航空機ドアの開閉等、緊急脱出の援助をお願いします」とお伝えし、離陸前に非常口用の説明書をお渡しすることが義務づけられています。

緊急時には、全員が90秒以内に脱出できるよう飛行機は設計されていますが、お客様のご協力がなければそれはできません。とくに、非常口付近に座るお客様に脱出の援助をしていただくことが必要です。

CAが乗務する一番の目的は、保安要員としての任務。とくに自分が客室の責任者である場合は、1秒たりともムダにできません。

スムーズに脱出作業を終えるためにも、ご協力いただく可能性のあるお客様のお名前を事前にお呼びして、心の距離を縮めておく必要があるのです。

「一期一会」は、接遇だけの言葉ではないと私は考えます。

たとえば、命の現場。医療現場です。看護師さんもバイネームをよく使います。

私は救急車で搬送されたとき、「患者さん聞こえますか?」ではなく「桜井さん、ここは病院です。聞こえますか?」と確認されました。意識が混濁しても名前を呼ばれたときは、脳は自分に声をかけられていると自覚します。このように、いまという瞬間は二度とないことを意識しなければいけないときもあるのです。緊急事態に備えるためにも、お客様のお名前を知っておくことは立派なリスクマネジメントだと言えます。

「チームワークを高める」ために
バイネームを使う

バイネームは、お客様の前で使うだけのものではありません。

たとえば、CA間でお願いごとをするときに、「お客様にこのコーヒーをお持ちしてください」ではなく、「田中様にこのコーヒーをお持ちしてください」と名前を明確にすることで、ミスがぐっと減ります。 CAが担当するお客様は大勢いるので、依頼されても忘れてしまうこともあります。しかし、名前を伝えてお願いすることで記憶が鮮明になるのです。

これはチームで仕事をするときに、必要なことです。

さらに、私は地上スタッフの名前を、必ず呼ぶようにしていました。

胸にはネームバッジがあるので、それを確認して「加藤さん、お忙しい時間に申し訳ありませんが、この席のお客様のお名前を教えていただけますか？」。

このように名前を呼ぶだけで、「1つの便を一緒に飛ばす」という共通の目的を持った、仲間意識が生まれます。すると、親しみを感じ仕事がより楽しくなるのです。

個人のプライバシーがあるので、いつでもどこでも大声でお名前を呼ぶことはできません。しかし、ここぞというタイミングでのバイネームは、どのシーンでも大きな意味を持つということを、ぜひ覚えておいてください。

POINT

バイネームを制す者は、接客を制す

10 「気が利く人」はさらりとこれをやっている

接客をするとき、「いまお客様は何を求めているか」判断が難しいことがあります。ヘルプを求めているのか、それともサポートか、あるいは邪魔にならないようにそっと見守るべきか迷うことが多々ありました。

経験を積むと、ヘルプされることを好まないお客様も多いことに気づきます。接客のヘルプとサポートの違い、それは何でもやってあげることがヘルプで、ほんの少し介助をしたり、方法だけアドバイスすることがサポートです。

たとえば、ＣＡが搭乗されたお客様を席までご案内し、荷物を収納し、シートベルトまで締めてさしあげたら、これはヘルプです。大けがをされて搭乗されるお客様がいらしたら、当然それはＣＡの仕事ですが、車いすで搭乗されたお客様の場合は、ご自分で席まで移動して着席し、シートベルトもご自分で締める方が多いです。

小学校高学年のお子様が1人で搭乗されることもありますが、そういった場合はたいてい1人での搭乗経験が多いため、とくに子ども扱いを嫌がります。

このように、ヘルプが必要なのかサポートでいいのか常に見極める必要があります。

「気が利く」と「気が利かない」の差は微妙です。

接客で「100％のお客様が気が利くと感じるサービス」があるかというと難しく、TPOやお客様次第で「気が利く」という感じ方はまったく違うのです。

気が利く人はタイミングを知っている

では、「気が利く」とはどういうことでしょう。

結論からお伝えすると「細やかな心配り」ができる人が、「気が利く人」です。誰でも気づくことをするのは「気が利く」ことにはなりません。

宴会やパーティで「気が利く女性」に見られたいからと、積極的にお酒を注いで回ったり、グラスが空いたらすかさず飲み物のおかわりを聞く人がいます。

一見心配りをしているように見えますが、相手が必要としていないのにヘルプやサポートをすると、逆に気を遣わせてしまいます。

それは単なる自己満足、好意の押しつけであり、「気が利く」とは言い難いです。


物事には適切なタイミングがあります。気が利く人は、常に周りにも意識を向け、「適切なタイミング」を知っています。

たとえば、真夏の暑い日は、家についた瞬間に冷たい飲み物が飲みたいですよね。

適切なタイミングは、外から家に入っていすに腰かけた「いま」です。

15分後に冷たい飲み物を提供されたら、飲みたい欲求は減っているかもしれませんし、玄関で靴を脱ぐ前に「はい、冷たい飲み物」と手渡されたらそれはあまりにも早すぎます。

この適切なタイミングを見極めるには、常日頃から「行動の観察と分析」をして、経験値を増やすしかありません。トライ&エラーで実践あるのみです。

さらに、気が利く人は「プラスαのお声がけ」が絶妙に上手です。

私のビジネスマナー講義では、挨拶のあとに続く言葉まで考えてもらいます。新入社員は「おはようございます。今日はよい天気ですね」という定型句を使い回すことが多いのですが、たとえば**「おはようございます。今日はよい天気ですね。大通り公園のライラックは丁度いまが満開のようですよ」、6月の札幌行きの機内ならば、このように言葉を添えられます。**さりげなく季節や場所の情報をお伝えすることで、喜ばれることは何度かありました。

私のCA時代の経験談になりますが、一泊二日の海外出張のお客様と、行き帰りの便で一緒になったことがありました。ご搭乗いただいた瞬間、お客様も私も同時に気がついて、「お帰りなさいませ」とアイコンタクトでご挨拶しました。

その後お座席に伺い、「もしよろしければ、お休みになるときにお使いになりませんか」と毛布と枕をお持ちしました。離陸してから到着までずっとお休みでしたので、着陸前ベルトサインがつくタイミングで、カップにジュースを入れて「のどが渇いていませんか？　ジュースですが、もしよろしければ」と蓋をしてお持ちしました。

お客様は降りるとき、「ありがとう。ゆっくり休めました」と笑顔で声をかけてくださいました。これだけのことですが、お客様が求めるサービスは何か、常に考えて行動してきました。断られるケースも想定し、その場合はさりげなく「失礼しました」と言ってお客様の気持ちの負担にならないようにします。

「適切なタイミング」と「プラスαのお声がけ」は、マニュアルとして書くことが難しい部分です。だからこそ、お客様から評価されます。

結果に執着せず、諦めないで挑戦し続けることで、少しずつ「適切」が何か身体で覚えていってください。

POINT

さりげない先回りで、ほかの追随を許さない

11 心を掴んで離さない「雑談」のコツ

お客様との会話の中で、サービスパーソンの技量がとくに試されるのは「雑談」です。雑談は言葉のキャッチボール。どのようなボールが返ってくるか予測し、上手にボールをキャッチしなければいけません。

国際線はフライトタイムが長いため暇を持て余しているお客様も多く、手持ち無沙汰なご様子に見えたら、思い切って私からお声がけをしていました。

雑談は「同じ・違い」に意識を向ける

そんなとき心がけていたのは、「同じ」に意識を向けること。

同じ飛行機に乗って「同じ場所」に向かっているのですから、目的地の話題は違和感なく話すことができます。その後も、共通の趣味、同じ嗜好、同じ行動、同じ出身地など、「人・物・出来事・環境」の同じを会話中に探します。

そして、お客様のお話に共感し、「同じように感じる」ことを伝えます。**話に共感できないときは、「そういうふうに○○様はお感じになったのですね。それはとてもお辛かったのではないですか」と、出来事ではなく感情に共感します。**

喜怒哀楽は誰もが感じることなので、自分の経験を思い出すことで、出来事には共感できずとも、感情には共感することができました。

ただ、これだけだと会話は延々と同じパターンを繰り返します。

話題に変化があったほうがいいので、今度は「違い」に興味を持ちましょう。

「北海道では海鮮料理が美味しい」と思っていたけれど、お客様が「北海道では肉料理のほうが美味しい」とおっしゃったならば、自分の考えと違うので好奇心が湧きますよね。そこで、今度は質問します。**ここでのポイントは、質問する際には「～していただけますか」と必ず許可をいただくということです。**

「私は美味しいお肉料理を北海道で味わったことがありませんので、ご迷惑でなければ教えていただけますか」といった具合です。会話をする中で、お客様と同じ価値観があることに気づいたときは、距離がぐっと縮まります。

基本は「同じ」ことに共感して安心な関係が構築できてから、会話の幅を広げるために「違い」から話を展開させていくのです。

ただし、話題にはタブーがあるので注意してください。

「政治・宗教・個人情報」の話題は適しません。もしかするとお客様から、「君、結婚してないの？　仕事なんかしてないで、早く結婚したほうがいいよ。子どもはいたほうがいいよ」など個人の価値観にまで及ぶ質問を受けたとしたら、それは杓子定規に正しく答えなければいけない質問ではありません。やんわりとその話題から話をそらす必要があります。

話がはずむと、仕事以外の時間に「〇〇の会に参加してみませんか？」と勧誘されることもあります。そんなときはお客様が傷つかず、かつ無理なく納得できる理由でお断りできるといいですね。私の場合は、「フライトは緊急呼び出しもあり、予定が立てられない」とお伝えして納得していただきました。

「ニューロ・ロジカル・レベル」から学ぶこと

逆にお客様のプライベートにどこまで踏み込んでよいか迷うときには、NLP心理学の「ニューロ・ロジカル・レベル」が役立ちます。コミュニケーションの視点から考えると、お客様との関係性によってどんな話題が適切かわかります。

この理論は三角形の図で表し、下段から「①環境」「②行動」「③能力」「④信念・価値観」「⑤自己認識」と階級があります。

「⑤自己認識」にいくほど、本質に近づきます。たとえば、「生きがいは何ですか?」「何を目標にしていますか?」など、人間性にまで踏み込んだ話題です。

一方で最下段の「①環境」にいくほど、視覚的な情報となります。たとえば、「今日は天気がいいですね」「どちらから来られたんですか?」など、当たり障りのない話題のことを指します。

下段から上段に向かっていけばいくほど、人が大切にしているものと言えるのです。

たとえば、千歳から成田へ行く便でお客様とお話ししたとします。最初にわかっているのはお名前だけ。千歳から成田に向かうので、海外に乗り継ぐことを予想して「成田からお乗り継ぎ便はございますか？」とお伺いし、自然と会話がはずみ、最終的にはこのようなことがわかったとします。

①環境　お客様は北海道に住んでいる
②行動　仕事は医師で成田からアフリカに行く
③能力　語学に興味があり、すでに7か国語をマスターしている
④信念・価値観　忙しくても毎日家族と連絡を取り、ご家族の写真を常に持っている
⑤自己認識　お客様は仕事・趣味・家族を大切にしている素敵な方

このようなとき、基本初対面のお客様には、「①環境」から話題にするのが適切です。間違っても上段の話題から切り出してはいけません。

会話を重ねるごとに話題が深くなれば、「④信念・価値観」までお話を伺い、「⑤自

人の意識レベルを応用した「心に響く話題の順番」

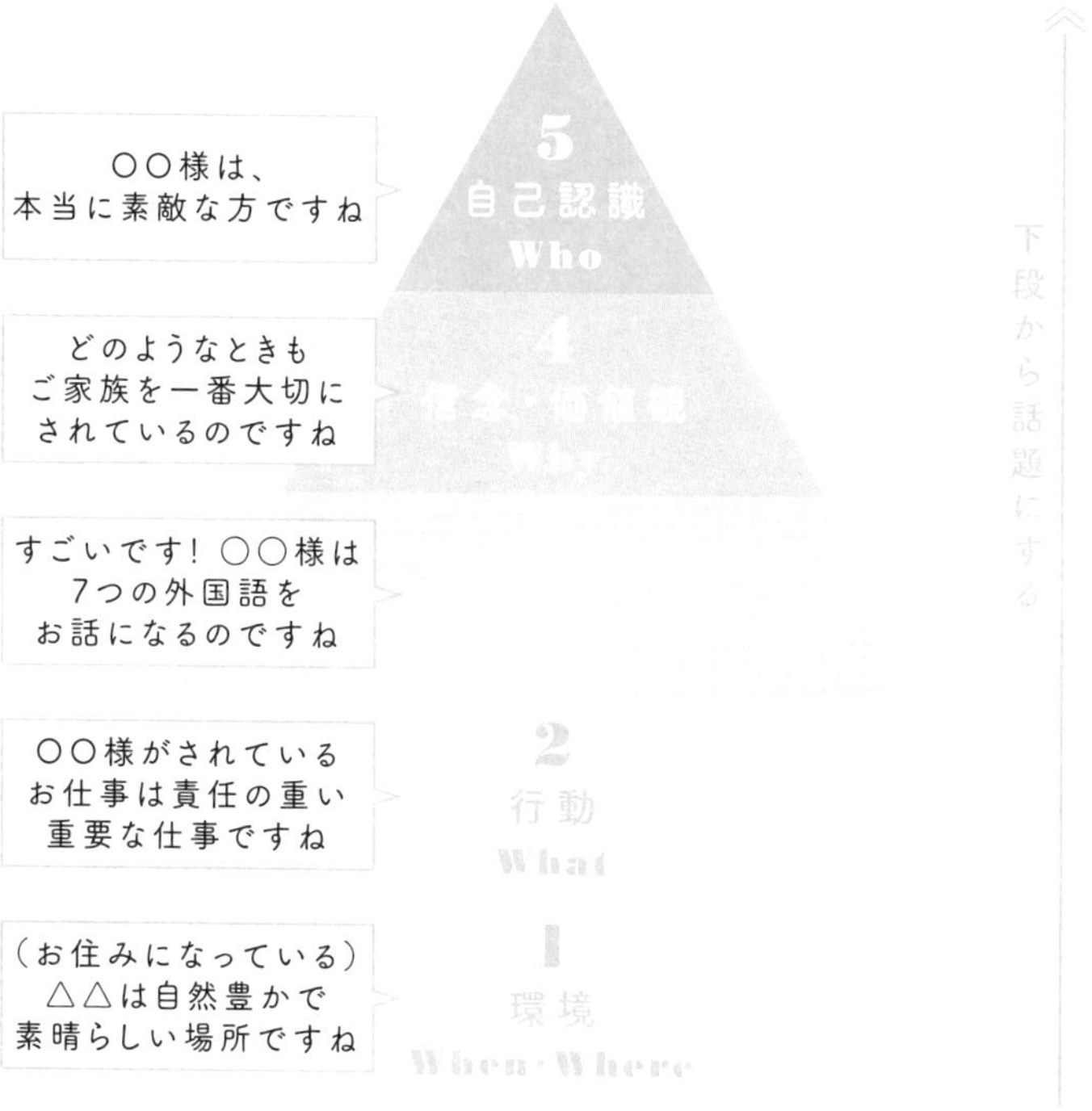
○○様は、
本当に素敵な方ですね
どのようなときも
ご家族を一番大切に
されているのですね
すごいです！ ○○様は
7つの外国語を
お話になるのですね
○○様がされている
お仕事は責任の重い
重要な仕事ですね
（お住みになっている）
△△は自然豊かで
素晴らしい場所ですね
5
自己認識
Who
4
2
行動
What
1
環境
When・Where
下段から話題にする

※ニューロ・ロジカル・レベル（ロバート・ディルツ）

己認識」のお客様の人間性にまで話題が及ぶ可能性もありますが、上段に向かうほどその方の本質に近づく話題なので、繊細に配慮しなければならないことを覚えておいてください。

一般的なコミュニケーションでは、上段に行くほど、相手がどんな人かをより理解でき、仲が深まりやすいと言われています。

しかし、接客の場面では、お客様とサービスパーソンという距離感を忘れないようにしましょう。お客様のお気持ちを害さないことが大切です。

雑談の練習は友人や家族ともできるので、会話しながらいま自分はどの階級の話をしているか、ぜひ意識してみてください。

POINT

「違い」が、会話のスパイスになる

12 すんなりと聞き入れてもらえる「お願いごと」の伝え方

お客様との会話は、雑談ばかりではありません。

機内では禁止事項が多くあるため、お客様にご協力を仰ぐ場面がたくさんあります。たとえば、機内は全面禁煙ですから、化粧室で喫煙することはできません。

ほかにも禁止された電子機器を使用すること。座席ベルトの着用。テーブルやリクライニングシートを元の位置に戻さなければいけないこと。保安上の観点から、過度の飲酒等による暴言・威嚇・性的いやがらせ、乗務員の業務の妨害などは航空法で禁止されていますので、違反者には罰金が科せられることもあるのです。

しかし、ストレートにお伝えすると一方的に感じられるので、「皆様のご理解とご協力をお願いいたします」とご依頼ベースでお伝えします。

このような際に、「妊婦だからシートベルトはしない」と拒否されたケースや、座席のリクライニングを戻すよう依頼したら大クレームになったケース、ドア付近の手荷物の収納をお願いしても聞いてもらえないケースなどがありました。

ただ、これらをお客様の迷惑行為だと結論づけるのは、正しくありません。**お客様がルールを意図的に破ろうとしたのではなく、CA側の依頼の仕方に問題があった可能性が高いからです。私たちの伝え方次第で、結果は大きく変わるのです。**

非言語で相手の反応は変わる

コミュニケーションには5つの要素があります。

それは言葉・顔の表情・ジェスチャー、身体の姿勢、そして声のトーンです。

言葉を言語コミュニケーション、それ以外は非言語コミュニケーションと言います。

人がコミュニケーションをとるとき、言葉でコミュニケーションしますから、お客様の気分を害さない言葉選びは必須です。クッション言葉や敬語はお願いごとをするときこそ必要です。

ところが実際は、言語よりも非言語で伝わる印象で、受け取る側は解釈を決定しているのです。とくに顔の表情は重要です。表情は嘘がつけませんから誤魔化しがききません。笑顔は心の扉をノックする重要な表情ですが、うまく笑えないＣＡも確かにいました。

まずは、あなた自身がご依頼するときにどんな顔をしているのか、動画撮影してみるのはいかがでしょうか。就活サポートでパイロットやＣＡを目指す学生の面接練習をするときは、必ず動画で自分自身を見てもらいます。案外自分の話すクセや表情に気づいていない方が多いです。それでもお客様にお願いを聞き入れてもらえないことが続くならば、ぜひ表情だけでなく声も確認してください。キツイ言い方をしている人は、語尾が強く話すスピードが速すぎる場合もあります。

お願いする理由を理解できていますか？

そしてもっとも多い原因が、なぜお願いするのか、理由をわかりやすく伝えられていないということです。講義中に、「なぜ、それをするの？」と聞くと「わかりません」とアッサリ答える方は想像以上に多くいます。

着陸前、リクライニングを戻すようお客様に依頼すると「一番後ろなのに、なぜ戻す必要があるの！」と怒鳴られてしまい、動揺してうまく説明できなかったというケースもあったようです。禁止事項のお願いは、なぜ禁止されているのか正しく理解しないままお客様にお願いしては、ご理解いただけないのも当然です。

禁止事項は、「お客様の命の安全を守るため」に決められたことで、営利目的ではありません。

接客の目的は、お客様の安全安心を確保することが最優先。理由を正しく言えるのが先。その後にコミュニケーションスキルです。

接客業でも看護や介護のお仕事をされている方は、気持ちの優しい方が多いです。相手の感情を考えすぎてしまい、うまくお願いが伝えられない場合もあるかもしれません。相手が怒りっぽい方の場合、うまく言葉が出ず説明不足になってしまい、結果相手のためにお願いしたのに、誤解で怒りを買ってしまうかもしれません。

それでもお願いごとは「なぜするのか」を考えて、笑顔と優しい口調でハッキリお願いするしかありません。逆にそう言えることで信頼してもらえます。

「なぜ」には根拠が必要です。仕事を教えてもらうときに、「これをしなさい」と根拠を示さない上司や先輩も中にはいます。**質問しても根拠を教えてもらえないのだとしたら、自分で「なぜ」の根拠を調べる習慣をつけてください。**

このようにして、お客様の安全安心のために言うのだと覚悟を決めてみてはいかがでしょうか。お客様の立場や状況、心の状態に配慮して「アイコンタクトで・誠実に・丁寧に」お願いしましょう。最初は難しく感じるかもしれませんが、少しずつ慣れてきますから安心してください。

接客は、一にも二にも「真摯に対応する」こと。それに尽きます。

POINT

お客様は、理由がないから納得できないだけ

13 お客様は常に「安全安心」を求めている

お客様から「あなたがいるから利用している」とお言葉をいただけたときほど、嬉しいことはありません。

どのようにしたら、お客様にもう一度サービスを利用していただけるのか、サービスパーソンであれば誰もが知りたいところです。そのためにはお客様の心理を理解する必要があるので、接客で活かせる「お客様の6大心理」についてお話しします。

- 歓迎されたい　挨拶・会釈・アイコンタクト・言葉がけで歓迎されたい
- 独占したい　最優先にサービスしてもらいたい
- 優越感を得たい　特別待遇などで「お客様は特別です」と感じさせてもらいたい
- 損をしたくない　自分が損するなんて嫌だから、きちんとサービスされたい

● **自分が一番でいたい　自分のことは一番大切に扱ってほしい**
● **不安を解消したい　心配なことは早く知りたい**

この6大心理は、お客様がサービスを受けるときに求める欲求を表したものです。

お客様は、おざなりの挨拶は求めていません。

たとえば居酒屋では、大きな声でスタッフが「いらっしゃいませ！」と挨拶してくれますが、私が利用者の場合、目が合わない挨拶は心に響きません。声も同様で、店に響くようにただ声を張り上げているように見えてしまいます。

私はすぐ目の前にいるのに、私に挨拶しているのではなく、「お客様が来ました！」とほかのスタッフに知らせることが目的の挨拶。「店長、私きちんと大声出していますからね！」という仕事やっていますアピールの挨拶に感じられます。店内が活気づくとは思いますが、私個人を丁寧に歓迎されている気持ちにはならないのです。

つまり、「マニュアルを守るための挨拶」と「お客様を歓迎する挨拶」には、大きな違いがあるということです。

お客様が求めてるのは、1人ひとりへの丁寧な配慮。自分の存在を認めてもらいたい気持ちと安全安心な居心地のよさを求めています。これらは「気遣い・心配り」という言葉に集約できます。

お客様の心理を考えるときは、人が基本的に持っている欲求の本質を理解したほうがいいでしょう。

たとえば、マズローの欲求五段階説（生理的欲求・安全の欲求・社会的欲求・承認欲求・自己実現の欲求）は人の欲求を理解するときのわかりやすい例です。

「食事が提供されない。トイレが快適に使えない」としたら、どうでしょう。また、飛行機が壊れてもすぐ直さず「時間があったら直します」と言われたら恐ろしくてその便には乗りたくありませんよね。CAがほかのお客様の名前は呼ぶのに、自分だけが名前を呼ばれないとしたら？　承認されていない気持ちになり、クレームを言いたくなるかもしれません。

つまり、お客様が求めているのは、「身体の安全安心」「心の安全安心」を感じられるかというシンプルなことです。

お客様の6大心理で説明すると、「歓迎されなければ、不安で危険を感じる」「独占できない場合は、社会的にも個人的にも承認されていないから安心ではない」というように、身体と心が安全安心でないとき、それは「危険・不安」と判断するのです。

心理学を知ると全員にあてはまると思い込みますが、そうではありません。人により体験・経験は違います。心の成り立ちは非常に複雑で、理論どおりではないことも多いのです。このことは絶対に忘れてはいけません。

それを踏まえたうえで、まず自分自身をよく観察することからはじめましょう。

自分を客観的に眺め、分析することが一番早く、そして確実に人間の行動と心理の関係を理解できる方法です。人間に興味を持ち探求し続けることが、接客の幅や奥行きを広げることに繋がります。

POINT

サービスのキホンは、お客様の欲求を満たすこと

14 知らないうちに、お客様を不快にしていませんか？

相手との関係性によって適した「距離」があります。

アメリカの文化人類学者、エドワード・T・ホールによると、「パーソナルスペース」には4つの種類があるそうです。

- 密接距離　45㎝くらいまで、恋人など非常に親密な間柄の相手との距離感
- 個体距離　45㎝から1・2ｍくらい、友人など親しい相手との距離感
- 社会距離　1・2ｍから3・5ｍ位くらい、職場など公的な場のコミュニケーションに適している距離感
- 公衆距離　3・5ｍ以上、演説や講演の際の距離感

接客する際は、よほどのことがない限り1m以内に近づくのはやめましょう。

以前ある洋服店で、ベテランの店員さんに耳打ちされたことがあります。試着が終わり試着室から出ると、ピッタリと横に立ち「お客様、すごく似合いますよ。ここだけの話ですが、お客様には特別に値引きしますから。秘密ですよ」と耳元でささやかれたのです。値引きには魅力を感じますが、パーソナルスペースに入ってきたことは不快だったので、商品は購入せずその店をそくさと出ました。

また、物理的な距離のみならず、「目に見えない心の距離感」が人にはあります。自分が望む心の距離感と、他人が心地いい心の距離感は違います。それに気づかず、急に距離を縮めようとすると関係がうまくいかなくなることがあります。

たとえば、何度もお目にかかるスポーツ選手のお客様が、大きな大会で優勝したとします。そっと目立たないように「おめでとうございます」とお声がけはするかもしれませんが、「昨日優勝しましたね！　すごいです！　テレビを見てずっと応援していました」と大きな声で興奮を伝えたとしたら、それは心の距離を越えています。

親しくなると、その方を応援したくなる気持ちはよくわかります。

しかし、プライベートでは構いませんが、お客様は友達ではありません。有名人の方や著名人の方と機内でお目にかかることが多くても、あくまでお客様であり、知り合いではないと冷静な気持ちを持つことが必要です。

間違ってもお客様の心の庭に土足で入らないこと。

そして、接客をする側のあなたも、自分の心の庭は自分で必ず守りましょう。

何から何まで上げ膳据え膳で、「お客様にサービスを尽くすのが当たり前」な時代もありましたが、そのような接客はもう求められていません。

いま、お客様が接客を受ける目的は「おもてなしを愉しむ」ため。

サービスを提供する側とされる側という役割の区別はありますが、双方とも成熟した大人としてマナーを守り、気持ちのよい時間を一緒につくることを目的にしているお客様が増えています。

私は、これからはお客様とサービスパーソン双方が、精神的な満足や成長、幸福といった感情を得て「ｗｉｎ－ｗｉｎの関係」を築くことができると思っています。

そんな未来の接客のためにも、物理的にも心理的にもよい関係を続けられる距離感を、私たちからまず意識していきましょう。

POINT

会話するときの距離感は、1mを目安にしよう

15 情けと〝笑顔〟は、人のためならず

「情けは人のためならず」の意味を誤解する若者が増えていることが、2012年の文化庁月報による世論調査で判明しました。

（ア）人に情けをかけておくと、巡り巡って結局は自分のためになる 45・8％
（イ）人に情けをかけて助けることは、結局はその人のためにならない 45・7％
（ウ）その他 8・5％

本来の意味は、（ア）です。ところが、正しい意味の割合が多かったのは60代以上だけ。それ以外は、（イ）の割合が多かったそうです。

接客では笑顔がマスト。でも、目的はお客様のためではありません。笑顔も人のた

めならず。つまり笑顔は、自分のために最重要かつ最強のスキルです。

笑顔はストレスマネジメントになる

私がＪＡＬのＣＡになって一番よかったと思うことは、「笑顔が習慣化された」ことです。28年間、機内でもプライベートでも本当によく笑いました。

これは接客ノウハウ本にある「お客様に好印象を抱いていただくために笑いましょう」というマニュアル化された目的ではなく、仲間たちが皆明るくて面白い人ばかりで、笑える話ばかりをするので、よく笑っていただけです。

当時フライトが終わると、パイロットと毎回食事を一緒にするのが常でした。

国際線は行きも帰りも搭乗するクルーが同じであるため、コミュニケーションを円滑にする目的で食事はできるだけ一緒にとりました。

そのときに、グチや悪口は誰も言いません。ＪＡＬの社風かもしれませんが、失敗は楽しく告白することが好まれ、先輩後輩を意識せず楽しく会話をしていました。

「先日のフライトで○○チーフが、ご挨拶の機内アナウンスで『本日は途中気流の悪い場所がありますが、飛行機が大きく揺れても問題はありませんので、どうぞご心配くださいい』って言ったので機内は大爆笑でした」というような具合です。

どれぐらい楽しいかというと、笑いが止まらずお腹が痛くて涙を流すくらいよく笑いました。とにかく皆よくしゃべり、たくさん食べて、たくさん笑うのです。

笑うことの意味や価値を、当時は誰も知らなかったと思います。私は講師になってから心理学や脳科学を勉強して、理にかなったことをしていたと気づきました。

笑顔は心身によい効果があります。また、ミラーニューロンという脳の神経細胞のおかげで、笑顔は伝染すると科学的にもわかっています。

ある調査では、赤ちゃんは日に400回から500回笑うけれど、大人になると15回しか笑わなくなり、70歳以上では10回以上笑う人はなんと0%という結果がありました。笑わなくなることは免疫力低下のピンチです。笑顔は、自分や周りの人が健やかに過ごすために必要なのです。

笑顔はリスクマネジメントになる

機内では私たちCAが笑顔だと、お客様の表情も柔和になります。笑顔でサービスすることで機内の雰囲気もよくなるので、質の高い本物の笑顔を出すことを常に意識していました。

まれに、笑顔でアプローチしても目が合わず、不愉快そうにしているお客様もいらっしゃいます。そんなときには、ギャレイ（台所）で、そのお客様について仲間と情報共有していました。**笑顔は伝染するのに、笑顔が返ってこないとき・言葉が少なく目も合わないとき、そこには必ず何か理由があるからです。**

不満があるのかもしれない。辛いことがあったのかもしれない。お身体の調子が悪いのかもしれない。ありとあらゆるリスクを想定しました。

「私もそのお客様にサービスしたときに違和感を覚えたから、積極的にアプローチしてみる」というように助け合うことも多々ありました。

こんなときには、機内だけではなく、飛行機に乗るまでに不快な出来事があった可能性もあります。お客様を気にかけて積極的にお声がけをすることで、「こういう不快なことがあった」と告白してくださるお客様もいらっしゃいました。

このようなときには「飛行機を降りるまでに、絶対お客様に笑顔になっていただこう！」というムードが生まれＣＡの笑顔のステージが上がります。ＣＡは負けず嫌いな性格の人が多いので、不快な気持ちのままお客様が飛行機を降りてしまうことは、接客のプロとして自分たちのプライドが許しません。

そこからは、誰がお客様を笑顔にするか、仁義なきサービスの戦いが繰り広げられます。最高の笑顔と心配りで、お客様の心を開かせたＣＡが勝者です。

日々笑顔について敏感にアンテナを張り、笑顔磨きを怠らないこと。情けは人のためならず、笑顔もまったく同じです。

POINT

笑顔は、必ずサービスパーソンを幸せにする

Chapter

3

信頼の
カギを握る
「瞬時の判断力」

16

「待ち時間」が長くても、お客様が笑顔な理由

接客をするとき、あなたは時間を気にしていますか?

接客業には、身につけておくべき「3S」があると聞いたことがあります。

3Sとは、「笑顔(Smile)」「誠実さ(Sincerity)」、そして「早さ(Speed)」のこと。

お客様が接客に満足されるかどうかは、「時間の感覚」も大きく影響するのです。

待つ時間、退屈な時間は永遠に終わらないのではないかと思うほど苦痛で、実際は30分だったとしても、1時間以上待たされたかのような気分になります。

経営コンサルタントとして活躍するデービッド・マイスター氏は、待ち時間に関して、左記のような「8つの法則」を発表しています。

マイスターの8つの法則

- 何もしていない時間は長く感じる
- 人はとにかく何かにとりかかりたい
- 不安があると、待ち時間は長く感じる
- 待ち時間がわからないと、長く感じる
- 理由もなく、待ちたくない
- 不平等な待ち時間は長く感じる
- 価値あるものに対する待ち時間には寛容になれる
- 独りの待ち時間は長く感じる

国内線の機内の責任者（先任業務）として東京から秋田へ乗務したときのことです。離陸前に突然機長から「コックピットの電子機器の数値がおかしいので、駐機場に戻る」と連絡が入りました。

チーフ業務をしている私の判断が問われる場面です。お客様はビジネスで乗っていて先を急いでいます。こんなときは、とにかくお客様へアナウンス。現状を「速く、正確に、要約して」伝えることが必要です。

マイスターの8つの法則にあるように、お客様は理由もなく待ちたくありません。

電子機器のトラブルの原因は整備士が調べないとわかりませんが、当時携帯電話の影響性が話題になっていたときでした。目的は無事に秋田へ着くことなので、**私は思い切って「安全飛行のために、ご自分の携帯電話の電源がONのままになっていないか確認してください」とお客様へお願いをしました。**アナウンス後、ほぼ全員のお客様がご自分の携帯電話を確認してくださり、中には正直に「あ、ONのままだった。すみません」とおっしゃる方もいらっしゃいました。

その後正常に作動するようになり、状況報告とご協力のお礼をアナウンス。結局到着は1時間も遅れてしまいました。私たちは、できる限りの機内サービスを実施するため必死だったのでフライトタイムはあっという間でしたが、お客様はさぞ長く感じたことと思います。

私はお叱りとクレームを覚悟していましたが、急いで飛行機から降りるお客様の中

「速く、正確に、要約して」伝える方法

ダラダラとわかりにくいクレーム報告

この前、後輩のけいこちゃんがお客様から呼ばれてすごく困ってたので、私が助けてあげなくちゃと思って、本当は私も明後日のイベントのために急いで準備をやらなきゃいけなかったんですけど、やっぱり私が先輩なんだからそれを代わってあげようと思って、お客様は『頼んでいることをやらないだけじゃなく、私のことをクレーマーだと決めつけたような顔してるのが許せない。私のことバカにしているから、ちゃんと教育するように言ってるんだ』という感じの文句を言われて、結局けいこちゃんの謝り方がよくないだけなのかもしれませんし、お客様の話がわかりにくくて私は答えようがありませんでした。

CHECK

文章の区切りがなく、結論がない。日時などの詳細がわからない。

情動的な修飾語が多く、事実と主観（推測・意見）が混同している。

速く、正確に、要約したクレーム報告

お客様のクレーム対応についての報告です。

昨日の午後9時頃、60代くらいの男性のお客様からクレームがありました。クレームの内容は、「社員の接客の対応・態度について不快に感じた。社員の接客態度の改善と社員教育を求める」というものです。

クレームにはすぐ対応し謝罪しました。お客様のお名前や内容などの詳細は、こちらの報告書にまとめました。

CHECK

はじめに結論、そのあとに理由と結果を伝える。齟齬なく理解してもらうために
正確な数字（日時、年齢）を入れる。報告は簡潔で、詳細も把握している。

には、予想に反して「ありがとう」「お疲れ様」と声をかけてくださる方が多くいらっしゃいました。このときの不思議な感覚は忘れられません。

接客や対応が特別完璧だったとは思えません。**わかっていることは、8つの法則にあるように、「一方的に待たされる時間」と「自分から待つ時間」は、感覚がまったく違うということです。**

お客様をお待たせするときの正しい対応

「システムの故障」「悪天候」など、予測不能の出来事でお客様を待たせてしまう場合は、「できる限り一刻も早く」「正確な状況説明」を「余計な感情は抜いて簡単に」お客様に伝えてください。

失敗するケースは、最初に「過剰な感情表現で」「曖昧な状況説明」と「ダラダラとわかりにくい話」を繰り返すときです。

お客様の期待する知りたい情報を「速く、正確に、要約して」伝えることも接客力の重要な要素なのです。

もし、あなたがお客様の立場で、サービスパーソンのスキルが足りていないと感じるときは、思い切って知りたい内容をストレートに問いかけてあげてください。

私はいま、「お客様」になることが多いので、情報が曖昧なときは「○○と○○について先に簡単な情報をいただけますか？」と促します。そして、「こういう情報をすぐいただけると安心します」と必ずフィードバックします。「お客様」の立場として、双方がｗｉｎ－ｗｉｎになるサービスの受け方を意識しているのです。

人の心は不思議です。経験を積んだからといってお客様の気持ちをすべて理解できるわけではありません。しかし、わからないからこそ接客の仕事は飽きません。

接客はどんどん進化していますが、ＡＩより人間のほうが信頼できる。少なくとも接客の分野では、それが証明できると思います。

POINT

主体的に待つ時間は、あっという間に過ぎていく

17

圧倒的な顧客満足を生む人が、大切にしていること

接客の世界では、お客様が期待しているサービスを提供するのは当たり前。期待をはるかに超えるサービスが求められています。

そして、お客様が満足しているかはアンケートで調べ数値化されるため、企業にとってもサービスパーソンにとっても、「顧客満足」を意識することは当たり前です。

何が提供できれば「顧客満足」が高くなるのか、それは一概には言えません。

たとえば、最初から高い接客スキルを期待していない場合もあります。このお店は安売り店。スタッフはアルバイトばかりで、おもてなしの心は期待していない。期待するのは安い価格。そのような場合は、スタッフが正しい敬語を使えなくても、お客様は不満を感じません。ただし、それでも「人をなめたような態度・バカにした態度」

はクレームに繋がります。価格が安いから態度が悪くていいということはありません。顧客満足は、質の高い接遇でお客様が感動するかが評価のポイントのように捉えられがちですが、職種によっては、このように「便利かどうか・低価格かどうか」が判断基準になることもあるのです。

では、CAの場合、接客スキルがずば抜けていれば、顧客満足が高いのかというとそうとは限りません。

私は、接客スキルが特別高かったわけではありません。とくに私のアナウンスのレベルテストは惨憺《さんたん》たる成績でした。

ところが、私はこのアナウンス業務に関して、何度かお客様からグッドコメントをいただきました。記憶に残っているのは、野球のピッチャーの元祖レジェンド・K元投手がお乗りになったときのこと。私の搭乗御礼のアナウンスに対してメモをいただきました。そのメモには、「いままでで一番心に残った素敵なアナウンスでした。ありがとう」と走り書きがありました。お客様の席は前方で私は後方の担当。降りるときにチーフにそのメモを渡したそうです。信じられませんでした。

私は活舌があまりよくありません。訓練生の頃、アナウンスの授業で担当教官に活舌が悪いと指摘されて以来、機内アナウンスが苦手に……。

苦手だと嫌いになりますます自信がなくなり、ついにはコンプレックスになりました。しかし、仕事なので、嫌でもアナウンスをしなければならず、練習を重ねました。**最後には「スキルがなくても、お客様のために心は込められる！」そう覚悟を決めて、一語一語に想いを入れて丁寧に機内アナウンスをしました。**

努力が、グッドコメントという結果で、突然実り報われたような気がしました。

その後も同じことが続きました。直接私にコメントを伝えたいと最後まで機内に残ってくださった若い女性は、目に涙を浮かべながら手を握って「ありがとうございます。私よくわからないけど、アナウンスを聞いているうちにすごく胸に響いて」と伝えてくださいました。この出来事が私のクルー人生で一番嬉しい思い出です。

どれほど素晴らしいアナウンスだったのかと気になるかもしれませんが、季節の挨拶を入れ、そのときにお客様が感じているであろう気持ちをほんの少し推測し、エールを送るような言葉を最後に少し盛り込んだくらいです。

ただ、ナレーションや読み聞かせのように、ゆっくりと真剣に心を込めて伝えました。「心」を込めて話すことだけを真剣に練習しました。

この体験により、「接客スキルが完璧な人だけが、お客様から満足されるとは限らない。もっと大事なのは、接客に対する自分の想いや誠実な心なのかも」と考えるようになりました。接客スキルが足りないならば別の何かで補おうと、自分のいまできることでベストを尽くすように意識しました。

もちろん、スキルが低くていいという話ではありません。「スキル」も「心」も両方大切、どちらも諦めてはいけません。いまの自分ができることを考え、精一杯そのことにベストを尽くす。同時に苦手なことから逃げないことが、ベストパフォーマンスを発揮するには必要ではないでしょうか。

POINT

「顧客満足」と「接客スキル」はイコールではない

18

「転ばぬ先の魔法の杖」は接客になし

もし、あなたが接客中にこのような場面に遭遇したらどうしますか?

- **何か聞きたそうなお客様がいたら、どのようにお声がけしますか?**
- **声をかけたとしても「大丈夫です」と言われたらどうしますか?**
- **忙しいときに、お客様から声をかけられたら、どのように対応しますか?**
- **一度に多くの方から声をかけられたときは、どなたから対応しますか?**

これらはすべて、私が新人の頃に悩んだ問題です。
訓練所では、どのように対応すべきかケースバイケースで習うわけではありません。
接客は人が相手、仕事の前に準備できることには限りがあります。

講師になってからは、新入社員研修をお引受けすることがよくあります。
ビジネスマナーで、接客対応の説明をしているとこのような質問がありました。

受講生「先生、2杯目のお茶を出すタイミングは何分後ですか」
私「はい。30分後ぐらいが適切だと思いますが、もちろん状況によって……」
受講生「あ、はい。30分後ですね。（ノートにすぐメモをする）では、こういう場合はどうなりますか？　お客様のお連れ様があとからいらしたとき、その方にもお茶を出しますよね。でも、お2人の2杯目のタイミングの時間がずれます。さっき検索したのですが、よくわからなくて。あ、タイマーでセットしておけばいいですか？」
私「……」

これは実際に研修中に受けた質問です。このやりとりを笑ってしまうかもしれませんが、受講生は真面目に受講し真剣に質問しているのです。
この質問を聞いたとき、すべてがマニュアル化している社会問題の1つのように感じました。便利な世の中ですが、それが私たちから考える力を奪いました。

そこで、先の2杯目のお茶の問題は私から質問をしました。

私　「では、タイマーがなかったらどうしますか？」
受講生　「腕時計を見て、お1人ずつ30分後にお茶を出します」
私　「腕時計がなかったら？」
受講生　「そんなことはありえません。いつもつけています！」
私　「腕時計の電池が切れていたら？」
受講生　「誰かに聞きます」
私　「周りに誰もいなかったら？」
受講生　「お客様に伺います」
私　「では、お客様に具体的にどのように伺うのですか？」
受講生　「……あ、『おかわりはいかがですか』と聞くのですか？」

受講生は、私の顔を覗きながら自信なさそうに聞いてきました。
考えたら難しいことではないはずです。その後もこちらから質問して、お茶出しの意味や価値、重要性を考えてもらいました。

接客の判断基準は「お客様の反応」です。お客様の表情・声のトーン、身体の姿勢や仕草を判断材料にします。それがわからないときは、「何かお困りのことはありませんか？」と丁寧に質問すればよいのです。「何もありません」と笑顔で答えるならばOK、もし遠慮がちに「何もありません」と答えるならば本当は何かあるはずです。

言葉を鵜呑みにするのではなく、どのような表情でどのような声のトーンで答えているか、それが接客する際の判断基準。言語外にある意味を感じながら対応する、その判断基準を自分の中に持つこと。それが接客の重要なポイントです。

柔軟な思考を持っていますか？

私は次の3つが「接客力の要」だと考えています。

①自分の状態管理（セルフマネジメント）ができること
②視点を豊富に持ち、視野が広いこと

③ 柔軟な思考力で、応用のきく行動ができること

接遇の細かいことよりも、基本は「思考力」がなければ分析もできず、気遣い・心配りもできません。**悩みながら「どうしたらもっといい接客ができるだろう」という問いと答えを自分で見つけるのが接客です。**

「問いを持った部族は生き残ったが、答えを持った部族は滅びた」、これはネイティブアメリカンの言葉です。接客において「転ばぬ先の魔法の杖」は、どこを探しても見つけることはできません。魔法の杖や魔法のマニュアルを探すより、自分で深く考え続けるほうが回り道ですが、確実に「接客力」の本質に近づく方法だと思います。

POINT

判断に迷うなら、お客様に聞いたっていい

19 困ったときこそ、ウィットな会話で切り抜ける

機内で起きたエピソードは、ユニークなものが多くあります。

海外の関連会社には、JALから日本人CAが出向して乗務することがあります。その機内に乗務した友人のCAが、突然日本人のお客様に「君、日本語うまいね!」と驚かれたそうです。しかし彼女は日本人。海外の航空会社だったので、お客様は外国人と勘違いしたのかもしれません。**そこで彼女は笑顔で「はい、私の父親は日本人、母親も日本人です」と答えたそうです。**

しかし、お客様は外国人CAだと思い込んでいるので「そう、じゃあ相当頑張って日本語を勉強したんだ。偉いね」とさらに感心しました。**そこでニッコリと「はい! 日本で生まれたので、日本語は必死に勉強しました!」と明るく元気に答えました。**

そこではじめてお客様はご自分の勘違いに気がつき、仲間の方たちと大爆笑。

レストランにもホテルにも、こんなふうに場を和ませる優秀なサービスパーソンがいます。お客様との会話は、失言があってはいけません。誤解されるようなことも言ってはいけません。真面目でもつまらない。ただ、冗談やおやじギャグで笑わせればいいというものでもありません。下品や無礼な話題はタブー。馴れ馴れしくてもダメ。仰々しくてもダメ。ＴＰＯに合わせ、お客様に合わせた適切な会話が求められます。

会話力は、接客の中で高いスキルに分類されるかもしれません。

接客の醍醐味は、臨機応変に会話すること

接客業は、問題発見・課題解決の繰り返しです。

とくにお客様との会話では、一瞬の判断と工夫が求められます。

さきほどの会話は、簡単に「私は日本人です」と答えれば済む話です。

しかし、そのように答えたらお客様は「あっ日本人なの。ごめんね」と謝罪しなければいけなくなり、居心地が悪くなります。「お客様はお酒も軽く召し上がっている。ＣＡに声をかけるのはコミュニケーションをとりたいから。ならば、私の言葉と表情

で会話を楽しくできる可能性がある」、このように一瞬で判断したのだと思います。

もう1つ、あるチーフが実際に機内で体験したエピソードをご紹介します。

ファーストクラスのお客様が同じ座席番号の搭乗券を持っていました。これはダブルアサインという、同じ座席番号を誤って2人に出してしまった私たちのミスです。コンピューターがない時代、人為的なミスでこういうことはよくありましたが、ファーストクラスのお客様の座席指定が間違っていたことは大きな問題です。

ダブルアサインの席は2B。チーフはかなり緊張していたのか、ふとこうつぶやきました。**「2B, or not 2B that is the question」。この言葉を聞いたお客様は、大爆笑したそうです。**

「To be, or not to be, that is the question. これはシェイクスピアのハムレットのセリフです。「生きるべきか死すべきか。それが問題だ」という翻訳で有名ですが、英語でも耳に残る馴染み深いセリフです。

ダブルアサインのお客様はお2人とも外国人の方。チーフのこの絶妙なつぶやきのおかげで、ダブルアサイン問題はすぐ解決し、その後の機内ではお客様との会話がとても弾んだのだそう。

お客様が私たちと会話をする目的は様々です。

しかし、会話したあとにどんな気持ちになりたいかは決まっています。それは「癒される気持ち、安心する気持ち、楽しい気持ち、明るい気持ち」です。このことをいつも頭の片隅に留めておくと、明るい言葉がとっさに出るのではないでしょうか。

困ったときにも困った顔をせず、気の利いたウィットで切り抜ける。これこそサービスパーソンの腕の見せどころ。今日も、世界中のどこかで接客のプロがさりげなく、そして楽しみながらやっているに違いありません。

POINT

常にお客様視点で考えているから、ここまでできる

20 優先順位は、「緊急度の高いもの」から決めていく

接客の現場は、「即答・即断・即実行」が常に求められます。

しかし、様々な人が関わってくると「正解がない」という、悩ましい問題に直面します。**そういうときはとにかく、優先順位を考える必要があります。**

優先順位は「緊急度の高さ」で決まります。緊急度が高い問題は、いますぐ対応しなければ問題解決が困難になるため、早くとりかからなければなりません。

国内線で、高知から羽田に向かっていたときのことです。

飛行機はB767、満席270名。飛行時間は1時間15分。夜遅く羽田に到着する最終便でした。私はその便の機内の責任者、CAは私を含めて6名。私は前方のスーパーシート（国内線のビジネスクラス）16名を1人で担当し、ほかの5名でエコノミー

クラスを担当しました。エコノミークラスでは飲み物をサービスし、スーパーシートでは食事を提供します。離陸と離着陸前後15分は安全のために全員着席するので、サービスができる実質時間は、わずか45分あるかないかです。

緊急度から優先順位を決める

ちょうど半ばまでフライトしたとき、後方の客室担当責任者から連絡が入りました。1人のCAがお客様の肩にやけどを負わせてしまったとのこと。そのCAもやけどをしていて、熱い飲み物が入ったポットの蓋が突然外れてしまったのが原因でした。

私は瞬時に優先順位を決めました。最優先は、緊急度の高いお客様のやけどの処置です。 到着時間は夜9時、至急深夜でも対応している病院を地上スタッフに探してもらう必要があります。地上スタッフに連絡するには機長を通す必要があるので、機長への状況連絡。お客様はツアーで観光にいらした中国人の方で、日本語も英語も話せないようでした。もしかすると送迎が必要な可能性もあるので、お客様の宿泊先を伺う必要があります。やけどの手当て、お客様情報の確認、機長への連絡、そして、ほかのお客様へのサービスをどうするか。残された時間は20分あるかないかです。
私の役目は責任者しかできない「正確な情報の把握」「機長への状況報告」が優先されます。そこで、**すぐにスーパーシートの食事サービスはほかのＣＡに依頼しました。**

１人のＣＡはやけどしているので、６名でやっているサービスを４名でやらなければいけません。つまり、エコノミークラスの２５４名を３人でサービスするのです。細かい指示はしなくても、ＣＡは全員自分で考え行動します。その場の状況を察知したメンバーはやるべきことに集中してくれました。

一方で私は、ツアー添乗員の方へ宿泊場所など正確な情報いただく必要があります。添乗員さんの席は離れていたので、やけどについてご存じありませんでした。状況を説明し、お話を伺うとツアーグループの中で日本語ができるのは添乗員さんだけとのこと。そこで、やけどのお客様に病院まで同伴する、中国語ができる地上スタッフのヘルプが必要だと考え、機長に連絡。地上から伝えられる情報をお客様に伝えるのも先任である私の役目なので、新しい情報が入ったらそのつどお伝えしました。

簡単な概要をまとめた報告書も地上スタッフにすぐ手渡さなければならないので、

着陸ギリギリまで作業は続きました。全員が自分のやるべきことに集中し、すべてのサービスを終えて羽田空港に着陸。降機するときは、通常通り乗り継ぎなどの質問を受けることもありますから、一般のお客様とやけどのお客様の対応を同時に行う心構えをしておきました。

1人ひとりが、考え行動できるチームは強い

ドアが開くと、空港スタッフの課長が立っていました。

「大丈夫。僕は中国語ができますから、あとはすべて地上が対応します」このひと言でほっとして、お客様に降機のご案内をしました。やけどしたＣＡも病院に行き、残りのメンバーでデブリーフィング（フライト後の反省や報告）を済ませ、頑張ってくれたメンバーにお礼を言いました。メンバーに早く帰宅するよう促しましたが「皆でフライトしています。会社への正式な報告書も一緒に書きます」と言ってくれました。

そこに一緒に乗務した機長と副操縦士も運航乗員部から駆けつけ、ＣＡの様子を客室乗員部に報告してくれました。お客様にやけどを負わせたことは言い訳ができない

大きなミスですが、わずかな時間で全員が自分のできることを的確に素早く行動した業務処理について、私たちの上司に伝えてくれたのです。

ＣＡ６名とパイロット２名は全員初対面でしたが、**たとえ初対面でも１００％お互いを信じ仕事をします。安全で快適なフライトをお客様に提供するために、いま自分ができることを素早く判断し、お客様とチームのために行動すること、助け合うことが当たり前の職場なのです。**

接客業はお客様のためにすぐ行動しなければいけません。

たとえ、アルバイトであっても、常に自分で判断・決断・行動しなければいけないのが接客業です。毎日が問題発見・課題解決の連続と言ってても過言ではありません。

緊急時こそ、真の対応力が試される

コンビニはまさに接客の最前線。24時間３６５日お客様に対応する職場です。

２０１８年北海道胆振地方を震源とする最大震度７の地震で、北海道全域が停電しました。ほとんどの商店が休業する中、札幌市のコンビニ「セイコーマート」は95％以上の店舗が営業を続け、被災直後の道民の生活を支えてくれました。

北海道のコンビニはほかの地域とは違い住民のライフラインです。スーパーがない場所も多く、日常の生活を支えています。だからこそ、災害時の行動も予測し対応マニュアルがすでにあったそうです。

しかし、マニュアルがあっても緊急時には動けないのが普通。95％の店舗が運営できたことから、いかにお客様を大切にして、日頃からスタッフが主体的に判断・決断・行動していたかが推測できます。

接客の仕事で培われるのは笑顔や優しい対応だけではありません。誰もが、主体的に行動できるようになる素晴らしい職場なのです。

POINT

時間が差し迫っているものから、
すぐにとりかかろう

21 「少々お待ちください」を禁句にしよう

いますぐ問題を解決できないときの常套句は、「少々お待ちください」です。

プリフライトブリーフィング（乗務前の打ち合わせ）で先輩がこう言いました。

「今日は、『少々お待ちください』は言うのをやめませんか」

国内線の1時間しかないフライトです。満席のお客様の対応をしなければならないことは、皆知っていたので、先輩の言葉の真意をはかりかね黙っていました。

先輩はこう言葉を続けます。

「機内サービスはできることとできないことがありますが、工夫すればできることもたくさんあるはずです。サービス中紅茶を注文されると、私たちは必ず『少々お待ちください』と言います。なぜなら、ギャレイ（台所）に戻って紅茶を入れるのは時間がかかるため、大勢のお客様をお待たせしないように担当客室のサービスをひと通り終えて準備するからです。中には注文を回避するために『紅茶は時間がかかりますので、少々お待ちいただくことになりますがよろしいですか』と言ってしまう人もいます。しかし、これはお客様優先ではなく、私たちの都合優先の言葉です」

確かにその通りです。**「少々お待ちください」は先に言い訳をしていて、言外の意味は「時間がかかりますから、待ちなさい」と一方的に宣言しているのと同じです。**

「私は以前のフライトで『はい、いますぐお持ちします』と申し上げ、すぐギャレイに戻り紅茶をつくり提供しました。そのことで次のお客様をお待たせする結果になりましたが、次のお客様に『大変お待たせいたしました』とお声をかけると、まったく嫌な顔はされませんでした。きっとなぜ待たされたのか、私の行動を見て推測できたからです。短いフライトでは、1杯分だけ事前に紅茶をつくりカートの中に準備してみました。後方にお座りのお客様に、1杯だけ紅茶は持っているが冷めていることをお伝えすると『それで構わない』とおっしゃるので、その紅茶を提供し、ギャレイに戻ってから温かい紅茶を準備して改めてお持ちしました。遠慮されて、もう1杯の紅茶は召し上がりませんでしたが、**サービスする側の自分の気持ちが、いままでのフライトとはまったく違うことに気づきました**」

先輩はこう続けました。

「**いままで、1人のお客様のために大勢のお客様を待たせてしまうのはよくない、温かい飲み物は、温かい状態で提供しなければ失礼であるという思い込みがありました。**しかし、機内でできることに限りがあることはお客様もご存じであり、1人のお客様のリクエストを最優先することを理解してくださることがわかりました。私はずっと自分優先で言わなければいけない『少々お待ちください』に罪悪感がありましたが、長年の心の葛藤が消えて、清々しい気持ちでベストを尽くせたような達成感を覚えたのです」

その先輩の分析には、皆が共感しました。そして、私はそれから先輩の真似をして

「少々お待ちください」を退職するまで言いませんでした。

問題を発見する力以上に、その問題を瞬時に解決する力もサービスパーソンには必要です。そのためには何度もトライ&エラーを繰り返しながらよい方法を探し、検証し続けるしか方法はありません。

また、先輩がお話しされたCAの気持ち（自分都合の言葉を伝える罪悪感）の問題は、一見大きな問題には思えないかもしれませんが、これこそ隠れた大問題です。

物理的な問題（紅茶を注文したお客様にいかに早く提供するか）と心理的な問題（CAが気持ちよくホスピタリティを実施できるか）、どちらも解決して、心から気持ちよくサービスを提供できるように、自ら環境を整えることもサービスパーソンには必要なのです。

POINT

常に当たり前を疑ってこそ、接客のプロ

22 「ビリーフ分析」で、最適なサービスを追求する

お客様の中には、頼みごとをしたいのに気後れし我慢してしまう方もいます。

だからこそ、私たちはお客様の気持ちを想像し、先回りして行動する必要があります。

前項では、お客様に「紅茶をください」と注文された瞬間、CAは「1人のお客様より大勢のお客様を優先すべき」という「べき論」が頭に浮かびました。

人は過去の体験・経験や知識から、「〜するべき」「〜するべきではない」という判断基準を持っていて、この判断基準をビリーフ（思い込み）と呼びます。

このビリーフにより、CAは「少々お待ちください」と言ったわけです。

しかし、この言葉の言外には「お客様はあなた1人ではない。あなたは少々待たなければならない」という、「STOP（待て）」「NO（できない）」が隠れています。

お客様の気持ちを想像してみると、勇気を出して頼んだのに出鼻をくじかれてがっかりするかもしれませんし、さらに待たされることにも不快感を抱くかもしれません。この感情はＣＡに伝わります。そして、ＣＡは紅茶を提供したのに達成感がないだけではなく、お客様をお待たせした罪悪感を覚えるのです。

ポイントは、接客の良し悪しは最終的に「感情」が判断するということです。接客とは「お客様の心を満足させること」であり、これが接客の本質です。

前項の先輩ＣＡは自分の感情に気づき、お客様を不快にさせているこのパターンを変えました。パターンから抜け出すには、ビリーフを変えることで自然と行動が変わります。しかし、ビリーフは長い時間をかけて築かれたもので簡単には変わりません。これが「頭ではわかっているけれど、変えられえない」という状況です。

そこで思い切ってビリーフではなく、行動を変えてしまいましょう。

紅茶を頼まれると、ビリーフはいつも通り反応しますが、その前に「はい、いますぐお待ちします」と行動を変えてしまえば、もうビリーフである「大勢のお客様を優先すべき」は出る幕がありません。

この行動には「1人のお客様のリクエストを最優先していい」という新しいビリー

「ビリーフ分析」から“行動”を変えてみる

1 出来事｜お客様から「紅茶をください」と注文を受けた

2 ビリーフ｜1人のお客様より“大勢のお客様”を優先すべき

3 感情｜自分都合でお客様を待たせることに罪悪感を感じる

4 行動｜「少々お待ちください」とお客様に伝えた

行動を
「はい、いますぐお待ちします」
と変える すると…

1 出来事｜“大勢のお客様”は嫌な顔はしなかった

2 新しいビリーフ｜1人のお客様のリクエストを最優先していい

3 感情｜ベストを尽くせたので清々しい達成感を感じた

4 行動｜次のフライトでも「はい、いますぐお持ちします」と答えたフがこっそり隠れています。ただ、新しいビリーフには根拠がないので自信は持てません。吉と出るか凶と出るかはわかりませんが、先輩ＣＡの場合は、意外にも大勢のお客様は誰１人怒りませんでした。**ここで新しいビリーフに書き換えることができ、感情も書き換えられたのです。その先は新しいビリーフに沿って行動できるようになります。**

きっとお客様は、紅茶をギャレイに取りに行く姿を見て、「私１人のリクエストのためにＣＡは努力してくれている」と嬉しい気持ちで「自分から」待ってくれたのです。次のお客様を待たせる罪悪感はあるかもしれませんが、大勢のお客様は忙しいことを察し理解してくれます。

接客の場面では、このような複雑なコミュニケーションが瞬時に行われます。

いつものパターンを鵜呑みにしないで、検証する人がプロのサービスパーソンです。

ぜひ、お客様や自分の「感情」に意識を向けて接客をアップデートしてください。

POINT

行動を変えれば、いつもと違う結果が待っている

Chapter

4

優秀なCAほど知っている「自分の心を守る術」

23

「ベストパフォーマンス」の光と影

ここまで読んでくださった方は、本書は明るく元気に目的に突き進み、ベストパフォーマンスを発揮してきたＣＡの成功論だと思われたかもしれません。

残念ながら真逆です。

ベストパフォーマンスを発揮したくても、発揮できないような困難の連続でした。

接客は、一期一会の仕事です。同じお客様にサービスする機会はあまりなく、失敗したら2回目はありません。機内で私の接客を不快に感じた方は何も言わず別のエアラインを選択するでしょう。私は何千人もいるＣＡの１人にすぎませんが、お客様にとっては「私から受けた接客＝ＪＡＬ」なのです。

私の接客に満足できないことは、ＪＡＬに満足できないことを意味します。ベスト

は結果論。接客の仕事はベストを狙ってできるほど簡単ではありません。

そもそも、仕事は機内の接客だけではありません。

与えられたフライトスケジュールを守り、決められた訓練を受け、書類の提出や会議や雑務、研修もあります。仕事でよい結果を出すためには休日も勉強しなければいけません。また、CAとして実際の業務につくためには、定期的に行われる英会話とアナウンスの試験に合格する必要がありました。これらをすべてこなしてはじめて、お客様にも会社にも仲間にも認めてもらえる一人前のCAです。

知らぬ間にストレスは積み重なっている

しかし、あるとき私はストレスにうまく適応できず、突然職場で倒れました。ニューヨークに到着後、機内でいきなり吐血して緊急入院。出血した量が多かったため輸血をしなくてはいけませんでした。

その後もたびたび体調を崩し倒れました。原因はすべて働きすぎ。物理的な忙しさや仕事への責任のストレスが限界を超え適応障害になりました。**いくらベストパフォーマンスを発揮しても、大切な命を失っては意味がありません。**

あるときビジネスクラスで、2ヶ月続けて同じお客様とフライトが一緒でした。

こういうときは、CAとしても嬉しいものです。「お忙しいのですね」とお声をおかけすると、「この1年間休みなしです。国際線は、機内で寝だめできて助かります」とおっしゃいました。日本を代表する会社のベストワーカーであることは間違いありません。忙しいご様子でしたが、自信に満ちた表情でした。

私はお客様の「この1年間休みがない」という言葉に胸がざわざわしました。

お身体は大丈夫だろうかと心配になったのです。働き方改革が叫ばれる前、日本のビジネスパーソンの方々の忙しさは想像を絶するものがありました。まさに企業戦士です。海外出張は時差があり、長いフライトは身体へ負荷がかかります。国内線では、日帰りで日本中を飛び回る方も珍しくありませんでした。

こんなふうに、お客様を心配する側だった自分が倒れるとは夢にも思いませんでし

た。当時の私は目的と目標も明確。仕事に夢中で、毎日充実していたのです。ストレスだと思ったこともなく、仕事が楽しくて1日30時間あればいいと思っていました。

そのエゴは命よりも大切なものですか？

私は心の準備もないまま緊急入院をして、ＩＣＵで手当を受けました。

アメリカのＩＣＵはカーテン１枚で仕切られ、隣のベットにはどんどん急患の患者が運び込まれます。夜中に隣のベッドに20代の若い男性が交通事故で運び込まれました。ご家族が来て、すぐにお亡くなりになったことがご家族の涙声でわかりました。

多分、亡くなった方のおばあ様だと思います。隣のベッドで心配そうな顔をしている私が気になったのか、ベッドに近寄り私の手を握ると、「命を大切にしてね」と声をかけてくれました。私は何と言葉を返せばいいかわからず、涙がポロポロこぼれました。

そんな体験をしたにもかかわらず、翌日身体が少し回復すると、私の頭の中ではくだらない考えが次から次へと浮かぶのです。

「職場に迷惑をかけた」「会社も仲間も許してくれないだろう」「早く仕事に戻らないといけない」……、会社や職場や仲間がどう思うのか世間体を気にしていました。

自分のエゴで頭の中がいっぱいだったのです。

ドクターは私にニューヨークで1ヶ月入院するように言いましたが、日本で治療したいからと無理に退院。精密検査は受けましたが、単なる胃潰瘍だと軽く考え、数日有給休暇を取ってすぐ仕事に復帰しました。

オーバーストレスと認めたくなくて、たまたま運悪く胃潰瘍になっただけと思い込もうとしました。しかしまた吐血。命の危険に晒されたのに懲りずに同じことを繰り返したのです。さすがに3回目の入院のときは、このままの働き方では命を失うかもしれないと感じ、働き方を変える決心をしました。

私は、頑張ることは決して悪いこととは思っていません。仕事は成果を出すべきだとも考えています。

ただし、身体や心の悲鳴を無視して、身も心も削って働くやり方は間違っています。

根性だけで頑張る働き方はもう時代遅れです。

感情労働である接客業はとくにストレスを抱えやすい職業です。会社やお客様のために働く気持ちは大事ですが、自分の生活や心も大切にしなければなりません。そんな新しいセルフマネジメントを提案するために本書を書くことにしました。

WHO憲章では「健康とは、肉体的、精神的及び社会的に完全に良好な状態であり、単に疾病又は病弱の存在しないことではない」と記されています。

健全な生活、人や社会、家族や友人と繋がり、最高の結果（ベストパフォーマンス）を出す新しい働き方をはじめませんか。

この章から、具体的に一緒に考えていきましょう。

POINT

結果を出しても、
健やかな自分でいられなければ意味がない

24 毎日の歯磨きのように「ストレスケア」をする

前項でお話ししたように、私は自分がオーバーストレスだという自覚がないまま倒れてしまいました。どうすればストレスに気づけるのか、ここでお伝えします。

まず、ストレスについて歯にたとえて考えてみましょう。

ストレスの未病（まだ病気ではないが、放置しておくと病気になるリスクが高い状態）は歯石と似ています。

歯石は誰にでもたまります。いきなりできるわけではなく、その前にプラーク（歯垢）ができます。プラークは、歯の表面につく白いネバネバです。食後4〜8時間程でつくられます。つくられるということは、口の中に残った食べ物ではなく、なんと細菌の塊です。1㎎の歯垢の中に約1000億以上の細菌がいるのだとか。

ほとんどは唾液がプラークの付着を防いでくれますが、唾液の働きが悪い場所を狙って、ピンポイントにプラークはついていきます。その後4～8時間でプラークは石灰化しはじめ、2日後には50％が石灰化。歯石に変身してしまうのだそうです。

この事実を、歯科医院で歯石を取ってもらいながら聞いた私は、心の中で「ぎゃー！」と叫ぶほどショックを受けました。

誰でも毎朝歯磨きをしますよね。やらないと気持ちが悪いです。

では、夜はどうでしょう。たまに磨かないで寝てしまうことはありませんか？　飲み会で酔って帰宅したらバタンキュー。気づいたら歯磨きもせずに朝だったなんて経験があるかもしれませんね。

歯磨きとストレスケアは同じです。プラーク（日々の負の感情）を歯磨き（ストレスケア）することでリセットすれば、歯石（ストレス）を防ぐことができます。

怖いのは歯周病です。歯周病の進行は気づきにくく、気がついたらかなり進行しています。昔、「リンゴをかじると歯茎から血が出ませんか？」というインパクトの強いCMがありましたが、危機意識が高まる非常に優れたCMだと思いました。

同じように私がCMをつくるとしたら、このようにします。

「雑談するとグチや言い訳ばかりが口から出ませんか？」

ストレスがあるとグチ・言い訳が増えます。

とくに近年、SNSではグチだけでなく誹謗・中傷も増えました。デジタル・クライシス総合研究所の調査によると、2020年4月のネット炎上件数は前年同月比約3・4倍に急増したそうです。

人はイライラしてくると会話の中に「でも」「だって」が増えます。話が執拗になり、声も大きくなり、同じことを何度も言ったりします。それは心がストレスを抱えているサインだと気づき、見逃さないでください。

ストレスケアの最善策はストレスから離れることですが、接客業である皆さんはストレスから離れることは難しいかもしれません。

だからこそ、日々のストレスケアを重要視してほしいのです。

私は知らない間に積み重なったストレスで倒れてしまいましたが、その後、二度とストレスから病気にならないように、ありとあらゆるストレスケアを毎日実施しています。音楽を聴いてリラックス、ペットと戯れてほっこり、質の高い睡眠でぐっすり、マインドフルネスでスッキリなど。**どんなに忙しくても、自分を労わる時間を確保しています。**

私はCAという仕事が楽しくて仕方ありませんでした。

それは世界のいろいろな場所に行けたからではありません。私にとって世界中のお客様と機内で触れ合って心が重なった時間は、奇跡のようなキラキラする宝物の時間だったのです。できれば定年まで続けたかった仕事です。

あなたも自分の好きな仕事を長く続けるためにも、ぜひストレスケアの重要性に気づいてください。

POINT

負の感情は、その日のうちに即リセット！

25
トップを走る人は、ストレスを味方につけている

「ストレスは知らない間に心をむしばみます」

よく見かける表現ですが、これは正確にいうと違います。

「ストレスは脳をむしばみます」が正しい表現です。

研究により、ストレスは人間の脳の中で最も発達している大脳皮質前頭前野に影響を及ぼすことがわかってきました。ストレスは、感情や衝動を抑制している前頭前野の支配力を弱めるため、不安を強く感じたり、普段は抑え込んでいる衝動（欲望にまかせた暴飲暴食や薬物乱用、お金の浪費など）に負けたりするというのです。

とくに女性の皆さんは思い当たるかもしれません。

ストレスがたまると、ついついコンビニスイーツに手が伸びませんか？　洋服、靴、バッグやアクセサリーを衝動買いしていませんか？

トホホな話ですが、私は買い物中毒になっていた時期がありました。フライトで海外へ行くと、そんなにほしくないのに、日本よりも価格が安いという理由でつい化粧品などを買ってしまうのです。あとで「なんでこれを買ったのだろう？」と何度も後悔しました。

悔しいことに、優秀なＣＡはそんなことでストレスを発散しません。

あるとき、フライトで一緒になった後輩に「時間があるから街へ買い物に行こう」と声をかけました。すると、資格試験の勉強をするから出かけないというのです。まだ若い後輩だったので「すごいなぁ」と思うよりも、かなり焦りました。

さらに驚いたのは、私が尊敬しているある上司です。フライト後「夕食に行きましょう」と誘うと、ＴＯＥＩＣの試験が近いし、フランス語の勉強もするので部屋にいることにすると言うのです。すでに満点近い点数を取っているのに、勉強し続けている姿勢に打ちのめされ、自分のことが恥ずかしくなりました。

このような後輩や先輩たちの過ごし方を知ってから、私もステイ先でムダに目的もなく買い物に行くのはキッパリやめました。ホテルのスポーツジムに1人で行き、本をたくさん読み、自分のためになる過ごし方をするようにしました。

CAは忙しい時間の合間に勉強する人がとても多く、ワインや日本酒のソムリエの資格を持っている人、第二外国語を独学で学ぶ人もいます。運動をする習慣のある人は、フライト後にホテルの周りをジョギングし、マラソン大会に備えていました。また、多くの先輩たちはステイ中に美術館へ行ったり、趣味の写真を撮ったり、絵を描いたり、自分の趣味をして過ごします。

このような人たちを見て当時はただただ、真面目で熱心ですごいなと思っていましたが、**いま考えると学力や教養、体力を得ることだけが目的ではなく、違う目的もあったのだとわかります。CAはストレスが多い仕事ですが、この勉強や趣味に没頭する時間が、質の高いストレスマネジメントになっていたのです。**

何か行動することは、心療内科の医師も推奨する有効なストレスケアです。

運動療法はストレスを軽減する効果があります。

多くの人は、ストレスは排除すべきものだと考えがちですが、**優秀なCAはストレスを味方につけて、自分をバージョンアップさせます。**すごいのはそれを無意識にやっていたこと。思わず「あっぱれ！」と叫びたくなるほどすごいです。

仕事で忙しいと目の前のことにしか目を向けられなくなり、昔の私のように突発的な衝動（必要のない買い物）に駆られることもあるでしょう。しかし、そんなときこそ、目線を高く視野を広く持ち、自分のためになる行動をぜひ取り入れてみてください。

POINT

自分磨きの時間は、忙しいときこそ確保しよう

26 クレームには真摯に対応、カスハラには毅然と対応

怒っている人にも悲しんでる人にも、イライラしている人にも不愉快な人にも、どんな態度のお客様に対しても機内では平等に接客します。

これはお客様に限らず、職場の仲間でも同様なことが言えます。仕事は1人ではできませんから、日々誰しもがネガティブな感情を持っている人と大なり小なり関わるはずです。厄介なのは、他者のネガティブな感情が伝染すると、自分のパフォーマンスまで下がってしまうことです。

これは「セカンドハンド・ストレス」と呼ばれています。ストレスを抱えた人から間接的に受けるストレスのことを指します。

日常に潜んでいるセカンドハンド・ストレス

たとえば、小さな商店のコミュニケーション研修を依頼されたときのこと。研修場所に向かうために駅でタクシーに乗り、運転手さんに「本当に近くて申し訳ありませんが、○○まで行っていただけますか」と伝えました。

私の声は弾んでいました。研修前にはテンションを上げて、元気で明るい自分を準備して向かうからです。ところが返事は返ってきません。それどころか急発進し、運転はとても乱暴でした。目的地に着くと私のほうを見ないで「○○○円」と言い放ちました。ぶっきらぼうにもほどがあります。流石にカチンときましたが、お金を払いタクシーを降りました。

そして、研修先に入った瞬間に「おはようございます。あれっ先生、何かありましたか?」、そう言われてぎょっとしました。きっと、不愉快な気持ちが私の表情に表れていたのだと思います。気を取り直し「いいえ! 今日も元気です」とニッコリ笑い、自分の感情をすぐに調整しました。

このような突然のストレッサー（ストレスの原因となる刺激。先ほどの例では、運転手さんの態度）が、感情にどのような影響を与えているかは、誰もが知っている童話で説明することができます。イソップ童話「北風と太陽」です。

あるとき、北風と太陽が力比べをしました。どちらが、旅人の上着を脱がせることができるか、という競い合いをすることになったのです。

最初は、北風が力いっぱい吹いて、旅人の上着を吹き飛ばそうとしました。ところが、あまりの寒さに旅人は、上着をしっかり押さえて寒さから必死に身を守ろうとしました。結局、北風は旅人の服を脱がせることができなかったのです。

次は太陽がさんさんと旅人を照らしました。すると旅人は、次第に暑さに耐え切れなくなり、自分から上着を脱いでしまいました。勝負は太陽が勝ちました。

この童話を元に、「旅人のストレス反応」をクレームのケースと比較しながら分析してみましょう。ストレスの視点で考えると、「冷たく凍える北風」と「さんさんとあたたかい日の光」はストレッサーです。

旅人の行動はストレスに対する反応で、旅人は予期せず北風と太陽の戦いに巻き込まれただけです。予想していたわけではありません。

同じように私たちも意図せず他人の言動に巻き込まれます。

たとえば、いきなりクレームされることがあります。クレームに対応する部署で働いているならば、心の準備ができているかもしれませんが、明るく笑顔で接客していたサービスパーソンの場合、クレームは急に北風が吹いてきたようなストレスに感じるでしょう。

クレームは感情的な言葉が多くなるので北風のように冷たく感じ、つらい気持ちになるはずです。攻撃されていると感じて心が閉じてしまったり、言い返したくなる場合もあるかもしれません。

もし、あなたがそう感じてしまうなら、いますぐ意識してその認知を変える必要があります。クレームをどう捉えるかで、接客の質が大きく変わるからです。

クレームとカスハラの真意

お客様は、攻撃するためにクレームをしているわけではありません。**真に求めているのは、「改善」なのです。クレームは最終的に言われている企業や個人の利益になります。そして、ここが大事なのですが、改善ができるとお客様から「期待」されているのです。**クレームの怒りは、「～あるべき」という高い期待感を抱いてくださっているから生まれる二次感情です。クレームの際には心のモードを切り替えて、緊張感を持って誠実にお客様の言葉を傾聴します。

北風と太陽の話に戻りましょう。旅人の行動をストレスに対する反応と捉えると、いかがでしょう。旅人は寒さに対する防寒をし、暑さに対し防暑をしました。自分の体温を調整するというごく自然なストレス反応です。

では、それが北風ではなく、氷点下の凄まじく冷たい猛吹雪が旅人に襲いかかったらどうでしょう。旅人はかなり分厚い防寒着を準備していなければ、凍え死んでしまいます。**単に冷たく感じる北風と、命の危険のある猛吹雪はまったく意味が違います。**

接客にも突然の猛吹雪があります。

それは理不尽なクレームや、過剰な要求です。これらは「カスタマーハラスメント」と言われています。最近ようやく社会問題として認知されるようになりました。

理由もわからず一方的に罵られると、強い恐怖を感じますから、適応障害になってしまったり、ネガティブな感情に呑み込まれてしまいます。

クレームとカスハラにどう対応するか難題ですが、「クレームには真摯に対応、カスハラには毅然と対応する」これが基本です。

つまり、ストレッサーの刺激の度合いを自分で選別できること、それに合った行動を選択できることが大切なのです。

POINT

自分の心を守る術は、1つだけでは足りない

27 ネガティブな言葉は、「リフレーミング」でかわす

機内で忘れられないエピソードがあります。

ＣＡは皆背が高いです。運動経験者もいますから、筋肉もあります。

ある後輩は大学時代、数々の大会でよい成績を残したアスリートでした。背が高く、しっかりした体格。すると、搭乗してきたお客様がこう言いました。

「君体格いいね。レスリングでもやってんの？」

日本人の男性のお客様には、ごくたまにこのようなセクハラ発言をする方がいました。近くでその会話を聴いている私も嫌な気持ちです。

ところが、後輩はお客様にこう言葉を返しました。

「お客様違います。私は会社の相撲部に所属しています」

そう言って、「どすこい！」と自分のお腹を叩いたのです。

もちろん会社に相撲部はありませんし、彼女は太っているわけでもありません。誰もがすぐわかる冗談です。

その場は明るい笑いに包まれました。その後のフライト中、お客様と後輩ＣＡは、ウィットに富んだ会話のやりとりを楽しんでいたようでした。

同じように、年齢を聞かれることもあります。

飲み物のサービスをしていると、いきなり「君、君、歳いくつ？」とお酒を飲んでいるお客様に大きな声で聞かれたことがありました。そんなとき、酔っているお客様にまともに答えてはいけません。

男性に限らず女性にも、年齢が気になる方はいて、先日セミナー後の質問タイムで「先生は何歳ですか？」と聞かれました。

正直に答えても構いませんが、「５歳でちゅ」と答えると、その場にいた皆が爆笑。すかさず「もちろん精神年齢でちゅ」と付け加え、そのままその話題を利用して、コミュニケーションスキルの説明をしました。

NHKのチコちゃん人気のおかげで、年齢問題の答えの幅が広がりました。

クレームやカスハラだけではなく、このように悪意はないけれど不用意な言葉をかけられることは、接客中よく遭遇します。

罪を憎んで人を憎まず。**配慮がないネガティブな言葉は不快ですが、お客様に悪意がないのですから、言葉自体の意味にとわれず上手にかわすのが賢明です。**

優秀なサービスパーソンはこういうときの対応が実に素晴らしく、感動を覚えることもあります。そして、そのやりとりがきっかけで顧客になってくださることも少なくありません。

こういった対応が即座にできる理由は、感情を自分でマネジメントできているからです。ネガティブな言葉で傷ついた自分の心を魔法の呪文で癒すのです。ドラクエの「ホイミ・ベホイミ・ベホマズン」のように自分で自分を元気づけます。すると、自分の言動まで変わるのです。

そのスキルは、「リフレーミング」と言います。リフレーミングとは、家族療法から生まれた認知を変えるスキルのこと。認知とは、目の前の出来事・物・人を知覚したとき、それが何か判断したり解釈したりする思考のプロセスです。

出来事の捉え方を180度変える方法

私たちは物事を認知するとき、特定の枠組み（フレーム）で捉えます。

そこで、「ネガティブな感情を伴うフレーム」を「ポジティブな感情を伴うフレーム」に変えてしまいましょう。すると出来事に対する感じ方も真逆になります。つまり、嫌な気分があっという間に変わるのです！

たとえば、冒頭の後輩CAの場合、「体格いいね、レスリングでもやってんの？」という言葉に対し、「相撲です」と返答しました。

嫌味や皮肉もそう捉えないで、「冗談を楽しむ機会」だと彼女は捉えたからこそあの対応ができたのだと思います。これを「状況のリフレーミング」と言います。

リフレーミングは、状況以外にも、出来事に対してポジティブな意味を見出す「内容のリフレーミング」や、言葉に対してポジティブな意味に捉える「言葉のリフレーミング」などがあります。

ここでは、私が常日頃から実践しているホイミスキル「言葉のリフレーミング」を練習しましょう。

たとえば、上司のAさんは優柔不断だと職場で思われています。あるときAさんは、後輩のBさんにランチに誘われました。

Bさん「Aさん、皆と一緒にランチに行きませんか？　Aさんは、何がいいですか？」

Aさん「うーん、何がいいかなぁ。中華もいいしイタリアンもいいし、迷うなぁ。ステーキもいいし蕎麦もいいよね。うーん、うどんもいいよね。最近美味しいうどん屋さんできたみたいだし。あぁ、決められないなぁ。うーん、Cさんは何がいい？」

このような具合にAさんは延々と迷い続け、ほかの人に聞いたりします。

Bさんは Aさんの決定を待っているうちにイライラしてきて、心の中で「Aさんは優柔不断な上司だ」とネガティブなラベルを貼ってしまいました。

でも、はたしてそれは事実でしょうか。

事実は決定に時間をかけているだけです。ほかの人に対して、意見を聞くなど配慮しています。事実だけを分析すると解釈は変化します。

ポジティブな視点に変えると、「優柔不断な人」という解釈が変わります。「Aさんは優しい人、思慮深い人、思いやりのある人」とも言えるのです。

このように、意図的にネガティブワードをポジティブワードに変えてしまうことを「言葉のリフレーミング」と言います。

ネガティブな言葉はリフレーミングしよう

では練習です。次の言葉をポジティブな言葉に変えてみてください。

国語の授業ではありませんから、A＝Bしかないということではありませんので、気軽に思いつく言葉を書いてみましょう。

（例）【優柔不断】→　優しい・思慮深い・思いやりがある・周囲に気配りできる・視野が広い・他人の考えも尊重する・ベストを探すために手抜きをしない

（問題）【気が短い】【空気が読めない】【怒りっぽい】【気が弱い】【面倒くさがり】【人に流されやすい】【ケチ】【八方美人】【暗い】【すぐネガティブに考える】【のろま】

いかがですか？　最初は難しく感じるかもしれませんが、練習を重ねるうちに、ポジティブな意味合いの語彙が増えていきます。

たとえば、同僚から「あなたは行動が遅い。のろまだから接客業に向いてないよ」と言われたとします。この「のろまだから接客業に向いていない」という決めつけは正しくありません。「のろま」という言葉をリフレームすると、「慎重に考えて行動している」と捉えることもできます。自覚があるならばスピーディーな行動ができるよう努力は必要ですが、同僚の言葉をそのまま受け取る必要はないのです。

「私はこの仕事に向いてないんだ」と捉えるのではなく、「私は慎重に考えて行動で

きている。だけど、スピーディーさも必要かもね」と解釈しましょう。

言葉のリフレーミング、どんどん挑戦して、暗い気持ちはすぐホイミして明るい気分にしてみませんか。

POINT

悪口をそのまま受けとるほど、いい子になる必要はない

28 ストレスを一瞬で吹き飛ばす「3つの方法」

さて、気分を変えるための私の「ベホイミ」と「ベホマズン」もご紹介します。

悲観的に考えるか楽観的に考えるかで、ストレスから受けるダメージはまったく違います。オスカーワイルドは、「楽観主義者はドーナツを見て、悲観主義者はその穴を見る」とその考え方の違いをひと言で表現しました。

ストレスを溜めやすい人は悲観的な人です。

「どうせできない」「全部だめ」「全然よくない」という言葉が口ぐせで、さらに「何でも自分のせい」と自分を責めてしまうことがあるかもしれません。

さらにこのようなデータもあります。楽観主義者は非楽観主義者に比べて、心臓病で亡くなるリスク、あるいは心臓病を発症するリスクが35%低くなり、ほかの病気で亡くなるリスクも14%低くなるのだとか。

できることなら、いますぐ楽観主義者になりたいですが、思考のクセはそんなすぐには変わりません。しかし、いい方法があります。**それは楽観的になるのではなく、〝真似をする〟のです。これが私の見つけた心の「ベホイミ」法です。**

気分を一瞬で変える「赤ちゃん言葉」

どのような方法かというと、誰かがこういうグチを言ったとします。

「ちょーむかつく。今朝、ペットの犬にかみつかれた。マジ痛かった。俺飼い主じゃん。ありえなくね？」

このグチを赤ちゃん言葉に変えて言ってみましょう。

「ちょー、ムカつくでちゅ。朝わんわんに噛みつかれまちたでちゅ。しゅごく痛かったでちゅ。ぼくたんは、わんわんのご主人様でちゅ。変でちゅね。ぐすん」

いかがでしょう。赤ちゃん言葉は気分を変えてしまいます。

これは赤ちゃん言葉が持つサブモダリティ（言葉に付随する従属要素のこと）の効果です。赤ちゃん言葉を聞くと多くの人は、可愛くてたまらないと感じます。誰もが心がほっこりします。


この赤ちゃん言葉は、管理職向けのコミュニケーション研修でワークとして実際にやっていただいています。

皆さん最初は抵抗があり、かなり照れますが挑戦してくださいます。赤ちゃん言葉でグチを話すと、話し手も聞き手も、笑いをこらえることができません。赤ちゃん言葉の効果は絶大で、話の内容がすべて可愛くなってしまうのです。


「ぼくたんの会社、売れ行きが下がってましゅ。困りまちた。でも、皆でがんばるのれす。やるじょー」

（あくまでも自分のストレスを緩和するための独り言です。くれぐれも実際の職場で部下や上司に対しては使わないでくださいね）

さて、興味深いのは、赤ちゃん言葉で話す前後での気分の違いです。

赤ちゃん言葉ワークの前にグチを話しながら自分の気分を数値化してもらうと、**不快度の数値が0〜10の間で8だった方が、ワークのあと大笑いして数値が1になったことがありました。**

一気にHPが復活する「ブリスクウォーク」

では、気分が落ち込んだときの「ベホマズン」は何をしたらいいでしょう。

悲観的な感覚を変える方法はたくさんありますが、**気分転換の即効性を求めるならば、「ブリスクウォーク（速足マインドフルネス）」がおすすめです。**

ブリスクウォークとは、速歩のウォーキングのこと。息が上がるくらいの早足で歩き、状況に合わせて1分から20分実施します。

たとえば勤務中は、建物の1階分の階段を急いで上がるだけでも効果があります。男性なら1段飛ばしの大股で上がるのもいいかもしれません。

私は、ブリスクウォークをＤＢＴマインドフルネスのトレーニングで学びました。ＤＢＴとは日本語では「弁証法的行動療法」と呼ばれ、アメリカの心理学者マーシャ・リネハンが開発した認知行動療法の一種です。ウォーキング後は、驚くほど頭がスッキリします。

なぜ即効性が高いのかというと、ストレスは脳疲労を起こしますが、脳疲労のとき脳は酸欠状態にあります。そのためストレスリリースにはたくさん酸素が必要です。その際にブリスクウォークをすると、意図せず大きな呼吸ができます。早く歩くことは有酸素運動であるため、身体はたくさんの酸素をすぐ取り込もうとして大きく呼吸し、脳の活性化が期待できるのです。

ドラクエの中でベホマズンは一気にＨＰが復活する呪文ですが、私はベホマズンのように、ネガティブな気分から緊急避難するために効果的な方法をずっと探してきました。その中で私にマッチしたのが、精神科でも治療として実施しているこのブリスクウォークだったのです。

寝る前におすすめな「ビリーフワーク」

運動が苦手な方は、「ビリーフワーク」もいいと思います。睡眠は脳疲労を軽減し、さらに記憶の整理整頓も行うため、寝る前に行うと効果が期待できます。

ビリーフとは、自分の信念・価値観・認知に大きな影響を与える思い込みのこと。

人は自分のビリーフを絶対だと思い込み、ビリーフと一致しないことが起きると脳が葛藤して苦しくなります。**そこでビリーフワークを行い、自分のビリーフは絶対ではなく相対だと気づき、意図的にビリーフの書き換えをするのです。**

脳は新しいビリーフに意味や価値を見出すと、睡眠中に不必要な記憶や感覚を消したり、書き換えたりしてくれます。いきなり、ビリーフを書き換えるのは難しいので左記のように、段階を踏んで試してみてはいかがでしょうか。

① 1日にあった出来事に感謝する

(例) 宝くじが1万円あたった。そのお金でほしかった洋服が買えた。

②嫌なこと・失敗したことに感謝する
(例)寝坊して遅刻した。おかげで交通事故にあわなかった。

③「～するべき」というビリーフを、「場合によっては～べきじゃないかもね。なぜなら～」と書き換える
(例)嘘は絶対につくべきじゃない。けれど場合によっては嘘もつくべきかもね。なぜなら、嘘をつくことで誰かを傷つけないこともあるから。

①を数日間やってみて、慣れたら②、その後③へというように進めてみましょう。

ストレスから回復する「ホイミ・ベホイミ・ベホマズン」は人によって違います。大事なのは、それを自分で探すことです。

POINT

ここぞというときの、
ストレス対処法を持つ人は強い

29 「ビリーフ分析」で、ストレスフリーな接客を極める

「デンタルIQ」という言葉をご存じですか？

これは歯に関する正しい知識を持っているか、衛生管理ができているかを数値化した評価です。正しくケアできている人は、デンタルIQが高い人です。

日本は歯科治療後進国。とくに予防歯科の意識がとても低く、痛くなってから歯科医院に行きます。「日本人の約8割が感染している」と言われる歯周病は、予防が可能なのに無頓着な人が多いのが実情です。

これは私にはとても耳が痛い話です。まさに私もデンタルIQが低く、2年前インプラント手術（歯を失った箇所に人工の歯根を埋入する治療法）をしました。

歯はよく磨いていたつもりでしたが、歯医者さんは基本的に嫌いなので、痛くなったときしか行っていなかったのです。この習慣を変えるために、歯科医院で今後のラ

イフスタイルと併せて相談しました。その際に相談に乗ってくれた先生やスタッフの皆さんのおかげで、いまは1ヶ月に一度、歯石を取ったり、歯のチェックをしてもらうために歯科医院へ通っています。

これと同じように、接客力を高めるためには「ストレスIQ」を高める必要があります。

残念ながら日本は、自殺者ランキング世界43か国中7位。EQ（感情知能指数）のスコア世界最下位。世界幸福度ランキング2020では62位です。

しかし、この結果に失望するのは誤りで、日本こそストレスIQを高める意味や価値、重要度を一番理解している国だと言えます。私たちは、ストレスIQを高めるポテンシャルや可能性がたくさんあるのです。

おもてなしは世界が認める日本の素晴らしい強みの1つですが、「お客様の要望をすべて受け入れるべき」という間違った認識が、サービスパーソンのストレスを増大させる理由でもあると思います。

CA時代、短時間にやらなければいけない業務に、お客様の手荷物の収納がありました。飛行機が出発するまでに上の棚や足元に荷物を収納するのです。満席の機内の中、スペースには限りがあるため、お客様にも協力していただかなければなりません。とくに安全上の理由でドアの周りには荷物は置けないので、ドアサイドの手荷物の収納場所は足元にありません。早く場所を探さなければ飛行機は出発できないので、ドアサイドのお席のお客様の手荷物収納場所をCAも一緒に探します。ここは咄嗟の判断や工夫が必要な場面です。中には、とても重い手荷物を機内に持ち込むお客様もいらっしゃいますから、力仕事になる場合もあります。

そんな状況の中、「じゃあ、この荷物どこかに入れておいてよ」と屈強な男性のお客様から荷物を渡されるとき、正直に言うと私は泣きそうな気持ちになりました。

認知が心の中で虐げられているような感情をつくってしまうのです。

独りよがりな価値観に気づく

私が荷物を依頼されてつらく感じたのは、「自己憐憫《じこれんびん》」なビリーフが原因です。

出来事をどう捉えるかはビリーフをもとに判断しますが、私には「接客の仕事は大変で、お客様に無理難題を言われても我慢しなければならない。接客業に携わる人間は、なんて哀れで可哀想」という非常に歪んだビリーフがあったのです。知らぬ間に、自分の仕事に対して誤った価値観を抱いていたことにやっと気づきました。

それから、お客様に対し思い切ってこう言うようになりました。

「お客様、いつも飛行機の安全のためにご協力いただきありがとうございます。離陸までにすべての手荷物を収納しなければ出発ができません。手荷物を収納できる場所をいますぐ一緒に探します。申し訳ありませんが、上の棚に荷物を上げるときはご協力いただいてもよろしいでしょうか」

感謝の気持ちを伝えてから、状況説明をして、断定するのではなく許可をいただく形でお願いすると、依頼を拒否するお客様は1人もいらっしゃいませんでした。

そして、嬉しいことに「この上の棚、まだスペースあるよ」と教えてくれる方や、2人で荷物を上げているとほかのお客様が手伝ってくれることもあったのです。

接客業をあたかもお客様の奴隷であるかのような誤ったビリーフを手放せば、自分

「ビリーフ分析」から“行動”を変えてみる②

1	出来事	お客様から「この荷物どこかに置いといてよ」と言われた
2	ビリーフ	お客様から無理難題を言われたとしてもすべて快く引き受けるべき
3	感情	自分はなんて哀れで可哀想なんだろうと自己否定した
4	行動	つくり笑いをしながら荷物を受け取った

行動を
「ご協力いただいてもよろしいですか」
と変える　すると…

1	出来事	すべてのお客様が協力してくれた
2	新しいビリーフ	安全で快適なフライトをつくるために、お客様を頼っていい
3	感情	お客様の優しさに、あたたかい気持ちになった
4	行動	次のフライトでもお客様にご協力を依頼した

が傷つくことなどなかったのです。

「ＣＡは、積極的にお客様と共に、安全で快適な空の旅をつくることができる」

この新しいビリーフのおかげで、接客業の奥深さや楽しさを知りました。

傷つくことを恐れて過剰防衛しなくてもよいのです。お客様は本当にあたたかく優しく協力的です。接客業に携わらなかったら気がつかなかった人間の素晴らしさを、私は何度も何度も体験しました。

ストレスＩＱを高めることは難しくありません。ストレスの構造を理解しＥＱを高めて、ストレスフリーな日本の新しいおもてなしを一緒に考えていきませんか。

POINT

その苦しさは、あなたの思い込みかもしれません

Chapter

5

クレームを最小限に収める「リスクマネジメント」

30 接客のプロは、どんなクレームにも動揺しない

最初にクレームを受けたのは、CA訓練生として見習い研修をしていたときでした。

当時は入社後、会社の業務全般を学ぶために他部署で実務を経験します。

訓練生になった仲間で、札幌市内支店に配属された者は5名。2名は発券カウンター業務、残り3名は電話予約で研修することになりました。

実は、訓練生が配属を希望する場所は電話予約です。なぜなら、カウンターは実際にお客様と対応する部署なので皆自信がなかったから。

私は入社するまでは短大生で、仕事らしい仕事などしたことはなく、5分の2の確率で、カウンターで仕事をすると決まったときはショックでした。

「自分にはできない」そう思って足が震え、胸がドキドキしたことを覚えています。

はじめてのクレームで学んだこと

カウンターの業務は航空券を販売すること。航空券の値段を計算し、金銭の授受をします。丁寧かつ迅速な対応をしなければなりません。

しかし、あるとき計算が複雑なケースに当たってしまい、実際の金額より安い価格で航空券を発売してしまいました。責任者がすぐに気づきお客様に連絡すると、お客様は担当した私が行かない限り話を聞かないとおっしゃるのです。

私は顔面蒼白。なぜなら、私はそのお客様をハッキリ記憶していました。一見してその道の方で、領収書も○○組のような名前。強面で威圧感のあるお顔。任侠映画のイメージと重なるような方だったのです。

訂正書類を持ってすぐお客様の事務所に向うために、外に飛び出しました。

季節は11月、雪交じりの冷たい雨が降る日でしたが、傘などさしていられません。全速力で走りながら、自分のミスで会社に迷惑をかけた罪悪感と、「私が失敗したのだから、お客様がお金を払わないとおっしゃったら自分が弁償しよう」そんな覚悟も決めていました。悪いことばかり頭に浮かび恐怖と緊張で涙がこぼれました。

到着して玄関に入った瞬間、大きな声で謝罪をしました。制服は雨で濡れ、笑顔などあるわけもなく必死でした。私が泣きながら走ってきたことは顔をみてすぐわかったと思います。お客様は、何も言わず差額を手渡し、タオルを探して私に渡してくださいました。体をふいている間、なぜCAになったのかなど様々な質問を受けました。お客様は無言で私の話を聞き、別れ際には「頑張れよ！　姉ちゃん」そう言ってくださいました。

会社まで走って戻ると、上司や先輩はハラハラしながら、無言で飛び出した私を待っていたようでした。皆に報告と謝罪をしてから、会社のトイレに入りオイオイ泣いたのをいまでも覚えています。愚かな妄想ですが、許してもらえず殺されるのではないかと真剣に思ったこと。自分のミスの後始末から逃げてはいけないこと。感情と思考がぐちゃぐちゃになりました。

ミスはしないことが第一。でもしてしまったらどうすればいいのか、その後の研修

期間は意識がクレーム対応に集中しました。

接客のプロは穏やかさを忘れない

ある日、国際線カウンターで、「お前じゃ話にならん。社長をいますぐ呼んで来い」とお客様の叫んでいる声が聞こえてきました。国内線と国際線のブースは離れていましたが、国内線の発券カウンターまで聞こえるような怒鳴り声。お客様とスタッフのやりとりがしばらく続いたあと、担当部署の部長がそこに向かうのが見えました。

クレーム対応のために行くのに、部長の姿はおどおどしているようにはまったく見えません。**静かに毅然と、でも穏やかな表情です。威厳のような何か特別な空気感がありました。周囲の雰囲気が変わりました。**

その後15分程度で、お客様の声のトーンは変わり、会話の内容はもう聞こえなくなりました。1時間くらい経ったころ、何ごともなかったかのようにお客様は静かにお帰りになりました。戻っていく部長も、まるで何もなかったかのように、最初と変わらず冷静で穏やかな表情です。困った顔などしていません。

どのように対応したのかはわかりませんが、すごく高い精神性のようなものと特別なスキルがあることは想像できました。

部長はなぜクレームに毅然と対応できたのか。真剣に謝ることしかできなかった当時の私にはわからないことだらけでした。

そのときには、手も足もでない難題でしたが、28年間CAとして働き、その後心理学を学ぶことでわかってきたことがあります。この章では、その学びをもとにクレームに対する考え方や対応の仕方をお伝えします。

POINT

真剣な謝罪だけでは、うまくいかないときもある

31 最小限に収めるために、ネガティブに準備する

クレームを考えるときに知っていただきたい言葉に、「リスクマネジメント」と「危機管理」があります。**ほとんどの人は「リスクマネジメント」が英語で、その日本語訳が「危機管理」だと思い込んでいますが、この2つは意味が違います。**

英語では、「リスクマネジメント(Risk Management)」と「クライシスマネジメント(Crisis Management)」として危険と危機を分けています。

- **リスクマネジメント**（危険管理）

これから発生するかもしれないリスクを洗い出し整理し、それらのリスクを回避するための管理のこと。

●クライシスマネジメント（危機管理）

すでに起こってしまったトラブルに関して、事態がそれ以上悪化しないように状況を管理すること。

クレームは起きないほうがいいですから、まずリスクマネジメントが必要です。新型コロナウイルスの感染で考えるならば、「免疫力を高める・マスクをする・手指消毒する・三密を避ける」これがリスクマネジメントです。

クレームならば、不快・不便・不利益をお客様が感じないよう「人・物・環境」をよい状態に準備することになります。

ここで必要なのは、意外に思うかもしれませんが、ネガティブな思考力です。最悪な状態を悲観的に想像する必要があります。

たとえば、新人CAがはじめて機内アナウンスをするとしましょう。はじめてだから緊張して言い間違いをしてしまうかもしれない。もしかすると、新人のたどたどしいアナウンスは、クレームに発展するかもしれないと想像したとします。

イメージできたら、それが発生しないように行動するだけです。

まず、アナウンスの準備はできているか彼女に確認したうえで、リラックスできるようにポジティブな声かけをします。

万が一アナウンスで誤情報を伝えてしまった場合に、すぐ内容を訂正し、謝罪のアナウンスをできるように失敗をカバーする準備をしておくのです。

心もネガティブに備える

加えてクレームの場合は、心の準備も必要です。

クレームは、クレームする側と、クレームされる側の心の温度がまったく違います。クレームする側は戦闘モード。何を言うかも決めて準備万端です。「さぁ、クレームを言うぞ」と心は熱いエネルギーで満ちています。

一方でクレームを受ける側はまったく準備をしていません。突然地震がきたら慌てるように、突然のクレームに最初は驚き身構えます。身体が硬直するような緊張感があり恐怖で心は硬くなります。しかし、そうなるのは仕方ない、人間はそうなるものだとネガティブに想像する、心のリスクマネジメントが重要です。

たとえば、私は「コミュニケーションはうまくできたら奇跡である。人は誤解して当たり前。不快や不便を感じたら怒りや悲しみを感じるのは当たり前。ネガティブな言動は人間の自然な反応」と常に想定しています。

これは災害の心構えと共通する部分があるかもしれません。

地震が多発する地区に住む方は、「地震は必ずある。いつでもどこでも起こる」と意識が高いので徹底した地震対策をしています。

同様に「クレームやコミュニケーショントラブルはあって当たり前」と想定するのです。被災した経験と強い記憶がある人は災害対策を怠りません。クレームも同様で、たくさん経験した人はいつも心構えができています。

ネガティブに準備する、先日あるインタビューで同じことを感じました。

大阪なおみ選手が、全豪オープンテニスで優勝した際に「メンタルは弱いです。だから感情のマネジメントをトレーニングしました」とあっさりと自分の欠点を受け入れていました。それはコーチ陣も同様で、大阪選手に声をかけるときは言葉を選び、声のトーンまで意識しているのだそうです。自分のネガティブな記憶やメンタルの弱さから逃げないで、逆にそういう自分を受け入れるのです。

これは、クレームの際にも活かせる考え方ではないでしょうか。

クレームを発生させないために、またクレームで大きく動揺しないために「リスクマネジメント」をすること。あなたも今日から、ぜひ実践してみてください。

POINT

「自分は動揺する」とわかっているだけで違う

32 クレームする人の気持ちを、考えたことがありますか？

ここで質問です。皆さんはクレームをしたことはありますか？

接客業でクレームをしたことがないのは、ちょっと残念なことです。

「彼を知り己を知れば百戦殆からず」これは孫子の有名な言葉。クレーム対応を知りたければ、自分がクレーム対応を受けてみることです。

最近、飛行機の予約で問い合わせをしました。

電話したのは、航空会社から留守電が入っていたからです。「予約便が欠航することになったので、折り返しすぐ電話してください」という留守電でした。伝言はとても丁寧で感じがよかったので、そのときの私の気分は悪いものではありません。

すでに、予測もしていたことなので、ＪＲで移動するよう手配も終わっていました。

私「もしもし、私の予約した便が欠航した旨が留守電に入っておりました。折り返し連絡ください、という伝言がありましたのでお電話しています」

航空会社「はい。何日の何便ですか?」

私「えええっと、○月○日の△△から▲▲へいく便です。申し訳ありませんが、便名まではいますぐ思い出せません。この電話を切ればメールは確認できますが……」

航空会社「△△から▲▲へ行く便は2便あります。特定できないとお調べできません」

私「ええと、先ほどHPを確認したとき2便ともキャンセルされていたのですが、便名も時間もわかりません」

航空会社「それでは、お名前と電話番号でお調べします」

私「あの、顧客のメンバー会員ですから、そこから調べられないでしょうか? 番号は、×××です」

航空会社「はい、確かにお客様のご予約した△△から▲▲は、申し訳ありませんが欠航が決まりました。いまから代替便のご案内をします。2便とも欠航ですので、◇◇空港から▲▲空港へ行く便がございます」

私「◇◇空港ですか？　そんな遠い空港には行けません、取り消します」

文字だと伝わりにくいですが、私は知らない間に不愉快な気分でした。ネガティブな感情に呑み込まれ、言わなくてもいい「遠い空港」と不快感を添えています。さらに取りつく島もなく「取り消します」と言い切っています。読み返すと恥ずかしい気持ちでいっぱいです。私は感情的になっているのです。

欠航という事実に対して、ネガティブな感情はありませんでした。**私の感情への配慮がまったく感じられない淡々と抑揚のない話し方や、マニュアル通りの業務処理の仕方にイラっとしたのです。**

その瞬間、自分のネガティブな感情に丸ごと呑み込まれました。

こんなこともありました。ある商品への意見です。使用方法によって危険が生じるので、「クレームではありませんが、○○という説明は別の解釈もできてしまい危険だと思いますので、お伝えします」と告げました。すると、相手の態度は一変しました。私をクレーマーだと判断したのか、クレーム対応マニュアルを読んでいるようでした。

「大変ご迷惑をおかけしました。このたびのことで、お客様の心情を害しましたことを深くお詫び申し上げます」

一方的に謝罪ばかり告げて、私の説明を聴くより、クレーム対応の手順に必死でした。もはや私の言葉は耳に届いていないようで、なんだか気の毒になり「あの、もう結構です。どうか、もう気になさらないでください」と告げて電話を切りました。

人の振り見て我が振り直せ

くれぐれも誤解しないでください。
これは、敵を知るためにどんどんクレームしましょうという意味ではありません。
目的はあくまでもお客様の心を理解してほしいということです。
「クレームの内容を十分に理解して、相手の心に寄り添う」、文字だけ読むとわかったつもりになりがちですが、実際自分がクレームをする側になってみないとイメージできないものです。クレームの内容を十分に理解して、相手の心に寄り添うには、マニュアルなどのスキルではなく、常日頃からのお客様との向き合い方が関係するのです。

クレーム対応を受けたことがないという方は、クレームに関するブログやSNSを見てみるのはいかがでしょうか。それらは、ケーススタディとして役立つ問題集です。自分ならどう対応するだろう、と考えることが大切です。

POINT

はじめにすべきは、〝お客様の気持ち〟への配慮

33 「ビリーフ分析」で、クレームの連鎖を断ち切ろう

前項を読んで、「クレームにマニュアル通りに対応していた」「話をよく聞かずに、過度な謝罪をしていた」とハッとした方も多いのではないでしょうか。

大切なことなので繰り返しますが、クレームはサービスの改善を求めるために発信されたメッセージです。お客様は理不尽に文句を言っているわけではなく、「不便・不快・不利益」を感じたから、クレームをしています。

それなのに、サービスパーソンがネガティブな反応を見せると、お客様は強いストレスを感じ、さらに状況がエスカレートしてしまいます。

ではここで、クレームがヒートアップしてしまう場合のお客様とサービスパーソンの心理状況を見てみましょう。

① お客様は、不便・不快・不利益を感じてクレームをする

② サービスパーソンは、クレームだと認知した瞬間、緊張状態になる。自分を守るためのストレス反応として、過剰に身構えたり、謝罪を繰り返したりする

③ お客様は、サービスパーソンのストレス反応を感じとり、自分を守るために攻撃的な言動やネガティブな言動を繰り返す

ここで挙げた「ストレス反応」とは、動物がストレスを感じたときに起きる急性ストレス反応のことです。

自分の身を守るための防衛本能であり、「逃げる」「戦う」「身動きを止める」策を無意識のうちにとります。ストレスホルモンが一気に分泌するので、エネルギーに満ちた状態になる一方、判断力は著しく低下します。

たとえば、お客様が怒っていると判断すると、恐怖を感じて必死に謝罪して早く恐怖から逃げようとしたり、ほかに責任を押しつけ言い訳や言い逃れをすることも多いでしょう。これは「逃走モード」です。お客様の言葉にかっとして、売り言葉に買い

言葉になる場合は「戦闘モード」に入っています。何も言わずやりすごしたり、茫然自失で何もできなくなるのは「フリーズモード」です。

このストレス反応がおさまらない限り、冷静な思考はできず、双方とも安全安心を感じることはできません。

先ほど挙げた、お客様とサービスパーソンの心理状況を見ると、サービスパーソンがストレス反応として過剰防衛したことにより、お客様はネガティブな印象を感じています。ネガティブな感情は伝染しやすいので、お客様もさらに強いネガティブな感情を抱き、それが言動に表れてしまいます。

つまり、クレームが起きた際は、サービスパーソンの「クレーム」に対する認知を変え、ストレス反応の連鎖を変える必要があるのです。

前項で、「毅然とクレームに対応する部長」のエピソードをお話ししましたが、部長はこの認識がきちんとできていたからこそ、堂々とした態度でクレーム対応していたのだと推測ができますね。

お客様を変える魔法はありません。

まず自分は、「クレーム」に対してどんなビリーフがあるのか考えてみましょう。

きっと、「お客様は神様で、お客様の言動には一切反論してはいけない（過剰なお客様第一主義）」「お客様に状況を説明してもどうせわかってもらえない（悲観的思考）」というネガティブなビリーフがあるのではないでしょうか。

次にこれらのビリーフを一度横において、冷静にクレームを見てみましょう。

フラットな状態でクレームを見てみる

そもそも、正当なクレームは「状況の改善」が目的であり双方にメリットがあります。また、お客様は「不快・不便・不利益」に対してストレスを感じているので、防衛本能としてネガティブな言動をするのは当たり前のことだと想定できます。

そんなときに私たちがとるべき行動は、**ネガティブな感情に支配されて身構えるのではなく、穏やかな気持ちで、お客様の辛かった気持ちを真摯に丁寧に聴くことです。**

双方共にストレス反応で心拍数が上がり呼吸が早くなっているので、まずは、お客

「ビリーフ分析」から“ビリーフ”を変えてみる

1	出来事	お客様からクレームを受けた
2	ビリーフ	お客様は神様だから、クレームに一切反論してはいけない
3	感情	クレームは非難されるので、恐怖を感じた
4	行動	お客様の話をよく聴かずに、謝罪を繰り返した

ビリーフを
「クレームは双方にメリットがある」
と変える すると…

1	出来事	お客様からクレームを受けた
2	新しいビリーフ	クレームは双方にメリットがある
3	感情	緊張感を持ちつつも穏やかな気持ちになった
4	行動	お客様が何に改善を求めているのか、真摯に耳を傾けた

様のために自分が落ち着きましょう。そっと深呼吸をして心拍数を下げて、落ち着いてゆっくり呼吸しながら静かに話すのです。そうすれば、副交感神経が優位になり気分が落ち着きます。ネガティブな感情のない状態に自らを調整できれば、お客様のために適切な解決策をすぐ考え、ポジティブな行動ができるようになります。

このように、クレームに対する認知を変えて、クレームが起きたときにどんな状況になるか想定しておけば、突然のクレームにも動揺しません。

身体や心はストレス反応があるのが当たり前。恐怖感・不安感も簡単には消えませんが、私たち人間は思考と知恵で認知を変えられる唯一の動物です。

接客力を高めるためには私たちの叡智を使って、まずは行動を自分の意志で変えてみませんか。

POINT

あなたの状態が、そのままお客様の状態になる

34 「D言葉」をやめて「S言葉」を口グセにする

前項では、クレームに対する心構えをお伝えしました。次にお話ししたいのは、クレームをヒートアップさせないための「言葉遣いと態度」です。

お客様の怒りを増大させる言葉に「D言葉」というものがあります。

「D言葉」とは、Dではじまる「ですから」「でも」「だって」「だけど」「どうせ」「だったら」のことを指します。

これらはすべて否定であり、巧妙に反論しようとするための言葉です。

この中でも、一番相手をイラっとさせるのは「ですから」。

「ですから、先ほども申し上げましたが」、これは相手をバカにしているように聞こえます。すでに伝えたのに理解していないことを強調する意図があるのです。

「でも」「だって」「だけど」は言い訳の最初に言いたくなる言葉です。

しかし、この言葉をつい言ってしまうと、相手から倍返しのお叱りを受けることになるでしょう。お客様には絶対に言ってはいけません。


D言葉の変わりに、あなたに使ってほしいのは「S言葉」。

S言葉は、「承知しました」「失礼しました」「すみません（申し訳ございません）」です。

職場では「すみません」を「申し訳ございません」に言い換えましょう。

私はこれに「すぐやります」「すぐ伺います」の「すぐ」も加えています。

また、お客様の話を傾聴するときには、「それから？」もお客様が話しやすくなる言葉です。S言葉ではありませんが、「たとえば？」「具体的には？」「ほかには？」という合いの手の言葉と、うんうんと頷く相槌も役に立ちます。

私はいつも、「それから」「たとえば」「具体的には」「ほかには」という4つの言葉しか入れないと決めて傾聴します。

話の内容によって使い分けますが、会話の邪魔にはならず話はどんどん進みます。

接客力は傾聴力。クレームに限らず、ぜひ試していただきたい言葉です。たとえば、お客様「あのう、パリでは、どうしたらいいのですか？　私不安で」
CA「はい。**……たとえば**（どのようなことがご心配ですか）？」
お客様「ええと、乗り継ぎがあって、ガイドブックの案内を見てもよくわからなくて……」
CA「はい。……では、**具体的には**（どのような部分ですか）？」
お客様「ターミナルの形が、なんだか複雑で……」
CA「そうですね。複雑ですね。**……ほかにも**（何かございますか）？」
お客様「ネットで予約したけど、航空会社の名前がよくわからないので」
CA「**承知しました。……それから、**……ほかにも（何かございますか）？」

お客様が話すことが得意でない場合、サービスパーソンには配慮が必要です。右の例文のカッコ部分は、あえて言わずに質問の言葉を短くしています。さらに、話すスピードも合わせて間（……）を取ります。敬語で早く長く話すと、機関銃で撃たれているような気分になるお客様もいらっしゃるためです。そのような気持ちになると、お客様はもう何も言えなくなります。接客の会話は、敬語で言葉を足すだけが芸ではありません。**お客様のペースに合わせて言葉の引き算をしながら、お客様の心が落ち着き安心して話してもらえるような雰囲気づくりを心がけましょう。**

お客様への理解と共感を諦めない

お客様のクレームを十分に聞く前から何度も謝罪するのは、「怒られないようにする」ことが目的になっています。形だけの謝罪は逆に不快。クレームの内容は多岐にわたるため、あちこちに話が飛んでしまうお客様も多いものですが、**それでも、耳・目・心を傾け、じっくりと話を聴くことが最初にやるべきことです。**

さらに、サービスパーソンは言葉を聴くだけでは不十分です。お客様の表情にこそ真意は表れるので、非言語部分をよく観察し、心を感じ寄り添うことが必要です。機内でのチーフの仕事の1つは、お客様のクレームを聴くことです。

どの職場でも責任ある立場になると、部下が受けたクレームの対応をお願いされることがあるはずです。「謝罪は大変ですか?」と友人のチーフに聞いてみると、こんな言葉が返ってきました。

「いいえ。謝罪は少しも大変ではありません。お客様の話を伺いお気持ちを想像するだけで、自然に謝罪の言葉は心から出てきますから。辛いのは謝罪ではなく、そのお客様のクレームをほかの部署に伝えても、きちんと理解されず、早く改善されないとき。お客様の想いを関係部署にうまく伝えることができないときが大変なのです」

その言葉には、私も納得です。お客様と心が1つになっているのならば、自然な感情であり真剣に話を聴いていることの証です。

クレームの謝罪は誰のために、なぜするのか、どうかぜひ考えてみてください。

POINT

安心して話せる場所づくりが、求められている

35 クレームはファンになっていただく最大のチャンス

最初は厳しいお叱りのクレームだったのに、結果として顧客様になってしまう。

それはある意味当然のことかもしれません。

なぜなら、クレームしてくださるお客様は、あなたのサービスにとても期待してくださっています。だからこそ、その期待が裏切られたときの失望感は、はかりしれません。クレームの裏側には「応援する期待と深い愛情」があります。愛情の反対の言葉は、嫌悪ではなく「無視」。それはお客様が静かにあなたから離れ、もう二度と利用しなくなることを意味します。**クレームを言ってくださる方が、あなたやあなたの会社にとっていかに大切なお客様なのか、それが理解できれば、クレームへの過剰な不安や恐怖は蒸発して消えてしまいます。**

これからご紹介するのは、私の友人や知人のＣＡが実際に体験したエピソードです。

クレームをされたお客様の気持ちまで察する

あるとき、ＣＡが顧客のお客様を怒らせてしまいました。

クレームの内容は担当ＣＡの態度について。お客様は激怒され、チーフが謝りに行っても怒りは収まらず、もう手のつけようがない状態だったそうです。

気まずい雰囲気は客室全体に広がります。クレームを直接言われたＣＡもギクシャクし、そのお客様を無意識に避けてしまいます。ほかのお客様もその状況に巻き込まれないようにしますから、怒ったお客様は居心地が非常に悪そうでした。

その一部始終を、反対側の通路を担当していたＣＡは見ていました。

「このままでは、お客様は孤独を感じてしまう。なんとかしなければ」と、いてもたってもいられなかったそうです。そこで、そのお客様がお手洗いに立ったときに思い切って声をかけました。「今回もお仕事ですか？」と何ごともなかったかのように、純粋に心に浮かんだことを伺いました。その後もサービスの合間に、ＣＡからお客様に声をかけるうちに、会話は盛り上がったそうです。

最後は笑顔で飛行機を降りていかれたのでほっとしました。そして、1週間後にお客様からグッドコメントが届きました。**「クレームを言った自分を決して腫物扱いせず、嘘のない誠実な気持ちで対応してくれたことが嬉しかった」**と書いてあったそうです。さらに「これからもＪＡＬのファンとして応援する」とまで書いてありました。

真摯にお客様の声に耳を傾ける

私の先輩のチーフも、ファーストクラスで、離陸前のウェルカムドリンクの対応に対してお叱りを受けました。お客様を担当した部下が、本来ならお断りしなければいけないリクエストを受けてしまったことが原因です。

安全のために離陸前はごく簡単な飲み物のサービスしか提供できないのですが、そのときはたまたま出発まで時間があったので、お客様から求められるままにおつまみも提供。ただしテーブルクロスや箸置きは提供できないので、小さなお皿に盛り合わせた簡単なオードブルを脇の小さなテーブルにお持ちしました。たまたま外国人乗務員が担当したため、「会社は日本文化を外国人ＣＡに指導していない」と激怒されたのです。

離陸してから2時間、チーフはお客様の横にひざまずきお話を聴き続けました。

国際線の近距離フライトだったため、飛行の半分にあたる時間、お客様の言葉を真摯に受けとめ丁寧に耳を傾けました。そして、ようやく担当CAが手抜きで簡易的にサービスしたわけではなく、離陸までの時間と安全のために行ったことも理解してくださいました。毎週のように海外に出張されるお客様で、それ以来チーフの便を選んで乗ってくださるようになったそうです。

このようなことは、機内だけではなく運航に関わるライン部門の社員も、経験します。コールセンターは、直接お客様の顔を見ることができない電話での対応なので、とくに難しいはずです。コールセンター部門の友人に話を聞くと、

「お困りのお客様には、お客様の期待以上に応えたいと思っています。たとえ結果として応えられないときでも、精一杯できることで誠意は尽くす。お客様はＪＡＬだったら何とかしてもらえる、という気持ちで電話をかけてきてくださるので、なんとかするのが当たり前なんです」

友人の言葉が心の奥に染み渡り、コールセンタースタッフの接客力に感動しました。接客は「人と人」、マニュアルには書けないお客様の想いまで読みとる力が必要です。

クレームに対応するときの苦しさと辛さは、私は痛いほどよくわかります。**しかし、選んでくださっているお客様への感謝、私たちも成長させていただいている感謝、いずれも忘れなければ、クレームは大きな喜びとなって返ってくることもあります。**このときの喜びは、体験した人にしかわかりません。

ぜひ、あなたにも体験していただきたいです。

POINT

クレームとは、サービスへの大きな期待の表れ

Chapter

6

お客様に心から喜んでいただく「接客の極意」

36

お客様と同じ眼鏡をかけてみよう

ＣＡも経験を積むと、路線や客層などの情報が蓄積され「日本人でご高齢のお客様が多いから、日本茶を多めに用意しよう」というように予測ができるようになります。

ただ、接客では安易にお客様を決めつけると大失敗することもあります。

自分の価値観は、絶対的なものではないという心得は必要不可欠です。

たとえば、国籍の違うお客様の場合。

外国人のお客様は、紅茶と同じ感覚で緑茶を召し上がります。砂糖とクリームを使うのです。もしかすると日本人はそのことに違和感を覚えて、日本の文化だから、何も入れないで飲むようにすすめるかもしれません。

しかし、それは日本文化の押しつけです。**お客様は日本の緑茶の飲み方を知らない**

わけではありません。欧米で緑茶はすでに人気が高く、習慣的に砂糖とクリームを入れ、好き好んでこのように飲んでいるのです。

そんなとき、お客様の眼鏡をかけてみませんか。つまり真似をするのです。「同じ」を試すと、確かに緑茶に砂糖とクリームを入れると、抹茶オレのようにクリーミーで美味しいことに気づきます。

このように、多くの人に浸透している先入観をもとに状況を判断してしまうことを「ステレオタイプ」と言います。

また、世の中には様々なタイプ別診断があります。

診断をもとに、相手がどんなタイプか予測することは、相手を知るきっかけとしては便利です。ただこのような診断もステレオタイプであり、絶対的なものではないと知っておきましょう。

たとえば、私たちに馴染み深い「血液型診断」。「几帳面だからA型っぽいな、おおらかだからO型かな？」など感じることは多いはず。

どのぐらい、その予測が当たるのか気になった私は、講師をしているセミナーで試してみることにしました。自己紹介をするついでに「私たちはよく血液型を聞かれますね。では私の血液型は何だと思いますか？」と聞いてみたのです。

周りの答えに影響されないように、目をつぶって挙手をお願いしました。

するとどの血液型も均等に手が挙がりました。そこで、さらに予測した血液型とそう思った理由をメモに書いてもらい集計しました。結果は正答率25％程度。セミナーの最終日に同じように予測してもらいましたが、正答率はさほど上がりません。

私が衝撃を受けたのは、最終日に書いてもらった「理由」を見たときです。

最初は、「明るいからB型」「テキパキしているO型」と一般的に言われている血液型診断を基準に推測したようです。

しかし、最終日には「私はA型の人と相性がいいので先生はA型」「ユニークな授業は私にはできないので、先生は私がなりたい血液型のAB型」というように、共通点、好奇心、興味、そして親近感や好意が判断基準に変わっていました。

このように、初対面のときとある程度交流した1週間後では、予測はまったく変わ

るわけです。はじめはステレオタイプで判断していても、1週間後に感情が加わると、自分が見たいように判断することもわかりました。

「人を色眼鏡で見るな」とよく言われますが、人は自分の経験や感情をもとに、色眼鏡で見てしまう生き物なのです。

接客中、お客様を無意識にステレオタイプや、自分の眼鏡で見ている自分に気づいてください。

そして、意識してお客様と同じ眼鏡で世界を見てみてはいかがでしょうか。

そこには、「以心伝心」といった接客の極意が詰まった世界が広がっています。

POINT

「お客様眼鏡を想像する」ためのタイプ診断はＯＫ

37

接客のプロは、些細な部分にこそこだわる

映画監督の黒澤明監督は、「見えない部分も決して手を抜かない」というエピソードが有名です。映画で映される場所にタンスがあるときは、タンスの中にもきちんと衣服を入れるように指示していたそうです。タンスを開けて、衣服を取り出すシーンがなくてもそうしたのだとか。

黒澤監督の名言は、どれも納得のいくプロの言葉ばかりです。

「些細なことだといって一つ妥協したら、将棋倒しにすべてがこわれてしまう」

私には、この言葉を実感する痛い出来事がありました。

仕事が終わり制服を脱いだら、プライベートの時間です。どこに食事へ行くのも自

由、何を話すのも自由。勤務時間外なのですから、基本は自由です。

ある日の夕食は、フライト後、部屋で仮眠してから皆で集まることになりました。新人CAだった私は、ギリギリまで眠ってしまい、慌ててジーンズにラフなセーターでロビーに降りていきました。

すると男性チーフから叱られました。私は化粧をしていなかったのです。

「大人の女性として化粧もせずに公共の場に来るなんて、プロのCAとして失格だ」、そう言われると急いで部屋に戻り、化粧をしてジーンズからきちんとしたカジュアルな装いに着替えました。社会人になって仕事以外のことで叱られるとは思わなかったので、私はとても動揺しました。

食事の席で言われたことは、**「手抜きをしてはいけない」**ということ。**「接客は常に人の目を意識する気持ちがなければプロではない」そう教えられました。**

確かにその通りです。優秀な先輩CAはオフの時間もCAでした。

海外のステイ先では、日本人の若い女性がいるだけでも目立ちます。エレベーターに乗っているとき「JALのCAさんですか？」と声をかけられることは日常茶飯事で、それを十分にわかっていても、当時の私は深く考えていなかったのです。

さらに、私がベテランＣＡになってからのこと、客室乗員部にグッドコメントが届きました。それはお客様からではなく社内からのコメントです。

ご夫婦のお客様が飛行機を降りモノレールで帰宅していると、隣の席にＪＡＬの新人ＣＡが座ったそうです。何かのきっかけでご夫婦と会話をし、新人ＣＡは途中の駅で降りていきました。

その一部始終をたまたま近くに座っていたＪＡＬ社員が見ていました。会話も丁寧で感じがよく、同じ社員として嬉しかったそうです。そして、新人ＣＡと降りた駅がたまたま一緒だったようで、彼女は下車してからもモノレールが完全に見えなくなるまで、いつまでも頭を下げてお客様を見送っていたそうです。

「接客とは何かを新人ＣＡから自分は学んだ」という内容でした。

同じことを、コメントを読んで私も感じました。

新人ＣＡの行動は、プロであることを常に意識し、心のあり方を磨いているから

こそ自然に行われたことです。自分の新人時代と比較すると雲泥の差です。

昔のほうがいい時代だとか丁寧だとか言いたがる大人は多いですが、はたしてそうでしょうか。接客に役立つことは、経験だけではありません。言い換えると質の高い接客力は、経験だけでできるものではありません。

日本のおもてなしは、お客様の見えない部分まで気遣い・心配りを大切にしています。それをあえてお客様に言うことも説明することもしません。

ただ自分のすべての時間、空間もお客様のことを意識する人は、目に見えない雰囲気や想いが無言のコミュニケーションでも伝わります。

これが、接客の奥行ではないでしょうか。些細な部分、目に見えない部分。ぜひ意識して、そしてあなたも体現してください。

POINT

見えないところにそこ、接客の神様は宿る

38 「謙虚な言葉」の落とし穴

「謙虚さ」は、社会人として上手に生き抜くために必要なスキルです。

しかし、「おかげ様で」と感謝を伝えることは和を保つために重要ですが、もしそれがうわべだけの言葉だとしたらいつかボロが出ます。

ある勉強会で「仏教の七慢」について教えていただいたとき、私は思わず冷や汗をかきました。これは人間にある7つの「慢（自惚れや煩悩）」を諭す教えです。

この仏教の学びから、「接客の心」とは何か気づかされたのでお伝えします。

● **慢**（まん）

自分より低いレベルと比較して、自分は低い人より優れているのだと己惚れたる心。

下の人を見下すような言動をしてしまうこともある。

・**過慢**（かまん）
同じレベルの人の中にいるのに、その中でも自分は特別で優れているのだと思い込み勘違いする煩悩。

・**慢過慢**（まんかまん）
勝っている人を見て、自分のほうが勝っていると思い込み、張り合い誇示する煩悩。

・**我慢**（がまん）
自分のことしか考えない心。自己中心的でわがままに自分の我を無理やり通す心。

・**増上慢**（ぞうじょうまん）
悟っていないのに悟ったのだと思い込み、自分は何でも知っている、わかっていると傲慢になる心。

● **卑下慢（ひげまん）**

非常に優れている人を見て、自分のことを卑下して謙虚さを演じ謙遜してみせるが、本当はそんなことはまったく思ってないという心。

● **邪慢（じゃまん）**

間違った行いをしても、正しいことをしたと言い張り、非をまったく認めず居直るような言動をする心。

お客様や仲間から褒められたとき、「いえいえ、私はまだまだです」と言いながら、自分のスキルや賢さに酔ってしまう人がいます。

それはまさに私自身のこと。何度か社内表彰をされテレビに出演して、多くの方に評価していただいたときに、私の傲慢な心はひどい卑下慢をつくっていました。

この「仏教の七慢」を学んだときに心から自分のことを恥ずかしく思い、本物の謙虚さとは何か真剣に考えるようになりました。

その言葉、パフォーマンスになっていませんか？

機内でお目にかかった超一流の方々の中には、驚くほど謙虚な方がいらっしゃいます。そのお1人として思い出すのが、絵本作家の安野光雅様です。

一度だけファーストクラスで、サービスを担当させていただきました。

当時の機内は、いまのように個人画面で映画や音楽を楽しむ設備はありません。そのため、フライトタイムが長いときは、お客様とお話をさせていただく機会がたくさんありました。安野様はとても気さくなお人柄で、楽しくお話をさせていただいていると、突然「あのぅ、僕、実は絵本を描いているのです。今日は楽しかったので、ご迷惑でなかったら、クルーの皆さん全員に僕の絵本を送ってもいいですか？」とおっしゃいました。わざわざご自分の仕事を説明されなくても、世界中の人が知っている日本を代表する絵本作家です。遠慮がちに話される謙虚さに驚きました。

私はすぐに「安野様、私は安野様の絵本が大好きで、すでに数冊持っております。

とても素敵な絵本で、何度読んでも魅了されます」とお伝えしました。
すると「え？　本当？」と驚かれ、心から嬉しそうなお顔をされました。
そのはにかむような自然な笑顔。心がチャーミングで表情に表れているのだと感じました。**本物の謙虚さとは、謙遜の言葉など並べなくても自然ににじみ出てくるものだと、この出来事を思い出したのです。**

謙虚さは心のあり方が伴わないと「謙虚するパフォーマンス」に終わってしまいます。本物の謙虚さがどうやって身につくのか難しい課題ですが、**「お客様が主役であると忘れないこと」は、謙虚な姿勢に繋がるのではないかと思います。**

これを忘れてしまうとスキルに固執し、お客様の気持ちではないことに価値を見出します。肝心のお客様の気持ちから意識がそれるのは本末転倒。ベストパフォーマンスは誰のためにやるのか、日々自分に問いかけるようにしたいですね。

POINT

本物の謙虚さとは、表情から溢れ出るもの

39 私の原点は「We are one.」だった

ＣＡの仕事は、基本的には個人プレイです。

インチャージといって各客室のリーダーは決まっていますが、インチャージも自分が担当するお客様がいるので、ほかのＣＡを細かく観察はしません。各自担当する仕事が決まっているので、１人ひとりが自分のやるべきことを、プライドを持って美しく完成させていきます。

百貨店もホテルも同じだと思いますが、自分の分担の仕事だけきちんとやれば、あとは何もしないということではありません。お客様の人数と仕事の量はクラスによって違います。ビジネスクラスは食事のサービスに時間がかかるため、エコノミークラスを担当しているＣＡは自分たちの仕事が終わったら、ほかのクラスの手伝いを率先して行います。

「なぜ、ほかの部署の社員をたくさん知っているの？」

これは、他社に勤務していた知人のＣＡの質問です。

知人はアパートの隣の部屋に住んでいたので、自然と話すようになりました。

私は新人でその方はチーフ。友人という関係にはなれませんでしたが、羽田に一緒に向かうときは親しく話をしました。お互いの会社のことなど話すのですが、私の話題には「営業、広報、整備、旅客、予約」など度々出てきて、新人ＣＡの私が他部署に知り合いがたくさんいることを不思議に思ったようです。

その理由としては、いまはなくなりましたが、当時ＣＡとパイロット訓練生は地上研修制度があり、数ヶ月間地上業務を共にしていたから。その縁もあり部署を超えた横の繋がりがあったのです。

そして、印象深いのは、入社して何度も教えられた「We are one.」という言葉。当時の朝田社長が掲げた理念です。組織全体を１つにするためにこの言葉を共通の理念としたようで、新入社員の心には素直に溶け込んだ言葉でした。

ただ、長年勤務していた上司や先輩は違う想いだったかもしれません。単なる標語のように捉えていた社員もいたようで、私にはそれが残念でした。

新人の私に刷り込まれた「We are one.」。新入社員たちは、本当のフライトはお客様がＪＡＬに予約をしたときからはじまっていると、実感していました。

入社してすぐ多くの部署の方と関わったからこそ、「1人はみんなのために、みんなは1つの目的のために。見返りを求めず、誰かのために無心で頑張る」という意味が理解できたのだと思います。

さて、ここでこの言葉をさらに深く考えるために、「ゴールデンサークル理論」を紹介します。ゴールデンサークル理論とは、マーケティングコンサルタントのサイモン・シネック氏が提唱した理論。私が知ったのはＴＥＤ（Technology・Entertainment・Designをテーマにした短時間のプレゼンテーション）です。「優れたリーダーはどうやって人の行動を促すか」の中で発表されました。

ゴールデンサークル理論の図には、円の真ん中が「Ｗｈｙ（なぜ）」、その外側が「Ｈｏｗ（どうやって）」、一番外側には「Ｗｈａｔ（何を）」と記されています。

物事を進めるときに、「なぜ」から明確にしないと、ほかの人に目的を共有させることができないことが、いくつの事例で説明されていました。

ライト兄弟が夢を実現できた理由

中でも心に残るエピソードは、ライト兄弟のエピソードです。

20世紀には空を飛ぶことは夢ではなく、すでに現実的な目標でした。

飛行機の発明者はライト兄弟ですが、当時はサミュエル・ピエールポント・ラングレーという人物が最初に飛行機をつくると期待されていました。5万ドルの資金を陸軍省から与えられ、飛行機の研究をしていたのです。ハーバード大学に在籍し、スミソニアン博物館で働くエリート。人脈もお金もあり、仲間と一緒に飛行機を開発していました。ニューヨークタイムズも熱心に取材したようです。

ライト兄弟はお金も人脈もありません。地方の自転車屋を営む彼らにあったのは、空を飛びたいという夢だけ。しかし、その夢を信じて応援する人たちが周りにはたくさんいました。想いが人を魅了して、仲間が募り1つの目的に向かってつき動かされました。そして1903年、無名のライト兄弟が先に有人飛行に成功したのです。

ライト兄弟の初飛行が成功したニュースを知ると、サミュエル氏のチームは、研究を諦めてしまいます。その理由は「なぜ」が違ったから。サミュエル氏にとって、空を飛ぶことは単なる手段でした。真の目的は富と名声を得ること。彼のチームが一緒に働いたのは彼が払う給与のため。一方ライト兄弟を応援した仲間は「大義と理想と信念」に共感し、「飛行機をつくり上げたら世界が変わる」と信じていたのです。

TEDでは、この違いをわかりやすく説明しています。

人は「なぜ」に動かされる

私の「なぜ」は「We are one.」でした。解釈は自己流ですが、フライトは1人では飛べないからです。1つのフライトはたくさんの人の手間がかけられて丁寧に準備されています。そして、快適なフライトは、社員だけでつくっているわけではないことにも気づきはじめました。お客様も「快適で安全なフライト」をつくることに常に協力してくれています。定時運行はお客様の協力なしにはできません。機内の安全も、食事のサービスが滞りなく終わることができるのは、お客様の協力があってこそ。これが自分の体験で実感した「なぜ」になりました。

たとえば「ハンドベル企画」は、私のぼんやりとした「何かやりたい」という想いからはじまりました。**しかし、曖昧な思いつきでは、人を説得することも協力してもらうこともできません。ただ「なぜ」が明確になると、自分の想いが目的になりました。想いが目的と一致すると伝わり方が劇的に変わるのです。**その後、仲間に相談することで「どうやって」の選択肢をたくさん得て、「何を」がハッキリしました。

自分では思いつかないようなたくさんの気づきや方法を得られ、さらに仲間が増えたことでゴールを一緒に目指す意欲が湧きました。

機内でサービスするだけではなく、自分が動くことで、お客様とＪＡＬチームの皆のためになると確信していたのです。

「一期一会」の言葉通り、人生の中の一瞬を共有している瞬間は、何かの不思議な縁で結ばれた奇跡の時間です。

この奇跡の時間は、人と関わる接客という仕事でしか味わえない醍醐味です。

人は「What（なぜ）」につき動かされる

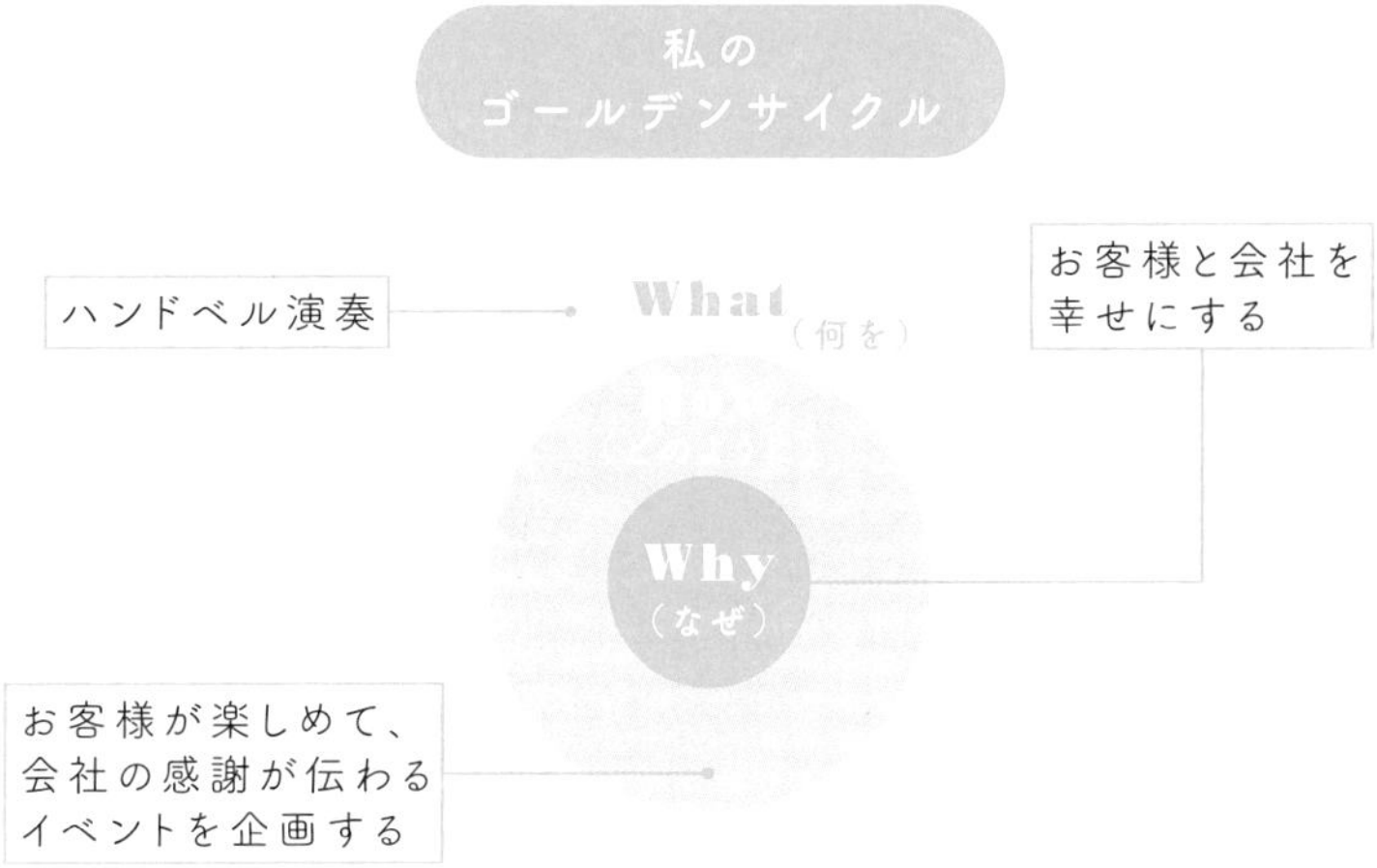
私の
ゴールデンサイクル
お客様と会社を
幸せにする
ハンドベル演奏
What
（何を）
Why
（なぜ）
お客様が楽しめて、
会社の感謝が伝わる
イベントを企画する

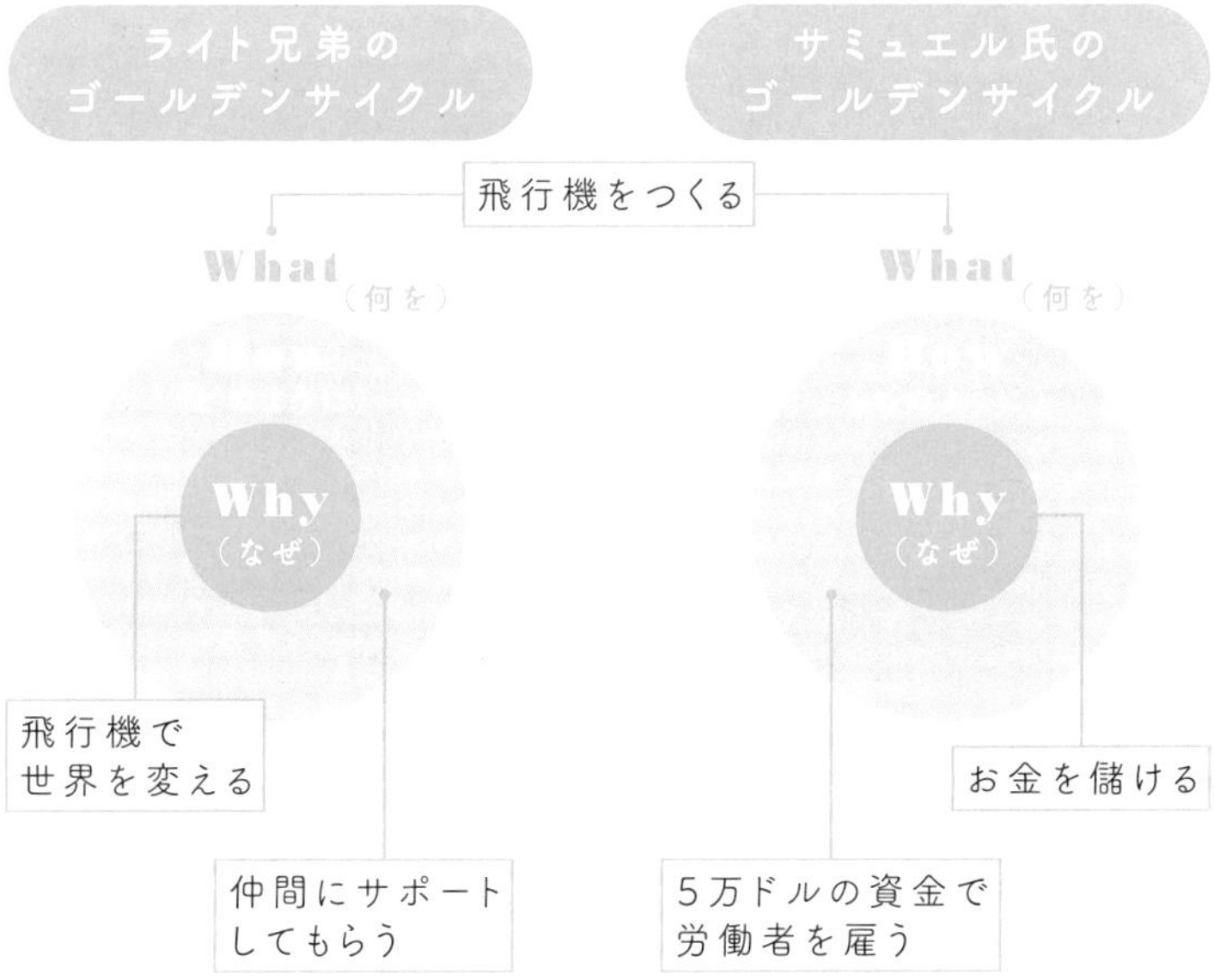
ライト兄弟の
ゴールデンサイクル
サミュエル氏の
ゴールデンサイクル
飛行機をつくる
What
（何を）
Why
（なぜ）
飛行機で
世界を変える
仲間にサポート
してもらう
What
（何を）
Why
（なぜ）
お金を儲ける
5万ドルの資金で
労働者を雇う

日本の過去のおもてなしは、「お客様第一主義」が表面的な形で大事にされていました。しかし、いまはサービスに精通した成熟したお客様が増え、もはや小手先の表面的な接客だけを求めていません。
人が人をもてなす「おもてなしの心」と、快適な空間を提供するための「高い接客力」。この両方を深く理解して、いまに合ったおもてなしを提供していく時代がきています。これから先の新しい接客スタイルを、ぜひ未来を担うあなたたちが築いていってください。

POINT

強い原動力は、いつも「なぜ」から生まれる

40 ベストパフォーマンスの形は、1人ひとり違っていい

じつは、私は子どものころからコミュニケーションが苦手でした。メンタルも弱く、他人の言葉にすぐ凹んでいました。語学もぱっとしません。美人でもありません。マナーも人並みで、隙のない所作はできません。ほかのCAの方がお書きになった接客ノウハウ本に書いてあるような、そつがない気遣いを完璧にできていたわけでもありません。

ただ、私のような人間も接客の仕事ができるし、想いや心構えは負けません。できないことに挑戦する諦めない気持ちには自信があります。

もし、あなたが自分に自信は持てないけれど「接客への想い」があるのだとしたら、あなたに合ったやり方で、ベストパフォーマンスを目指す方法があるとお伝えしたいです。

本当は書きたくないのですが、私の失敗は数え切れません。

新人の頃はニューヨークの空港で迷子になり、先輩になってからもアムステルダムの空港で同僚のＣＡと迷子になりました。どちらも仕事後だったのでフライトには支障はありませんが、多くの人にご迷惑をかけました。

国内線チーフ業務も、自分の乗るべき飛行機を間違えて別の飛行機に乗り込み、別の便の機内準備をしていた仲間たちに笑われました。振り向いたお客様と機内でぶつかりその方のＹシャツに、キスマークのように口紅をつけてしまったこともあります。お客様の座席案内で、「こちらです」と手で方向を示した場所にお客様がかがんで立っていて、お客様の髪の毛の中に方向を示す私の手が突き刺さったこともあります。どちらも顧客のお客様。クビになってもおかしくありません。

リスクよりも、接客の本質に目を向ける

一般的に理想とされるサービスパーソンとしての素質がない私ですが、機内の接客という仕事の枠を超え、違うアプローチでお客様のために活動してきました。

ＪＡＬが事故を起こしたとき、お客様への想いを伝えたくて１人で企画立案した「ハンドベル企画」は、ＪＡＬベルスターズとしていまも続いています。

先輩を中心に５人で実行した「ふれあいメール」は、お客様から嬉しい言葉をたくさんいただき、営業や広報も巻き込む大きなムーブメントになりました。

自分で海外を取材して、ＮＨＫの番組でレポーターもしました。

企画を立ち上げて会社を巻き込みやったこれらのことは、正直失敗するリスクのほうが大きく、ＣＡとしてリスクマネジメントするならば、純粋に機内での接客や会社に言われた業務に集中すべきでした。

しかし、機内でできることには限界があります。お客様への感謝の気持ちを伝えるためにどうすればいいか、ファーストペンギンになって、やればできると証明したくて、その気持ちがリスクマネジメントよりも先に立ちました。

誰もやっていないことに挑戦するのは大きなリスクです。でも誰も挑戦しないことなので、価値があります。リスクの語源は「リズカーレ（Risicare）」。「船乗り」のことです。大航海時代の船乗りはリスクがありましたが、リスクに挑戦しなければ得る

もの もなかったのです。

私が最後にあなたにお伝えしたいのは、次の2つです。

1つは、理由は何であれ、自分の意志で選んだ仕事が接客ならば、接客に恋をして好きになってみませんか。もう1つは、四の五の言わずとことん集中して接客に無我夢中になりましょう（いまふうに言うなら全集中です！）。

この2つを守れば、道を切り開くことができると信じています。能力やスキルよりもこの2つを守る覚悟を持つことです。

成功のコツは、先に「そうなる」と決めてしまうこと

私は、本当に心から接客も仲間も会社も大好きでした。

しかし、はじめから大好きだったのではなく、大好きになることを決めたのです。大好きだと思うだけで、苦手なことも諦めず克服することだけに集中できました。

好きになるにはどうしたらいいか、それを研究し続けたことが私の接客の哲学です。

POINT

ベストパフォーマンスの種は、根拠のない自信

CA時代、お客様にも仲間にもいつも許していただき、助けてもらいました。おっちょこちょいCAの私を、皆が応援してくれました。

接客業は心が触れ合う、人間だけにできる唯一無二の仕事です。あなたも、仕事を通して人と人が関わるときに生まれる感動を体験しているのではないでしょうか。

私は退職後、そんな体験ができる素敵な仕事に就いていたことに改めて気づき、奇跡の時間に深く感謝するようになりました。そしてあとから気づきはじめます。接客力を高める努力が、自分の人生を豊かにしたのだということを。

おわりに

お客様と創り上げる、新時代のおもてなし

接客業は、人間のすべてを理解しなければいけない奥の深い仕事です。

接客で求められる繊細な気遣い・心配りは、主体性や実行力を向上させます。

この2つの能力は、社会人基礎力として最重要視されています。どのような道に進んだとしても武器になる能力が、自然と身につくのが接客業なのです。

しかし近年、お客様が過剰なサービスを要求するケースや、ストレス発散としてネガティブな感情をぶつけるケースが増え、接客業の素晴らしさよりも、「接客業（感情労働者）のストレス問題」ばかりがクローズアップされています。

世界中のお客様を感動させてきた「おもてなし」は、いま時代に合わせて進化するときなのかもしれません。お客様の心に寄り添いながら、自分の心とも正しく向き合うことが必要とされているのではないでしょうか。

人と人が助け合う、支え合う「思いやり」は、おもてなしと通じます。

思いやりの大切さは、コロナ禍を経験したいまだからこそよくわかります。

これからの接客は、お客様とサービスパーソンの双方で、心地よい空間を創り上げる形であってほしい。そして、読者の皆様には、お客様にも自分にも思いやりを持ち、自分ができるベストパフォーマンスを発揮してほしい。このような想いを込めて本書を書き上げました。


この本を書きながら、どの仕事でも人を思いやる気持ちは一緒であると感じました。1冊の本には、たくさんの方のご協力と思いやりが詰まっていることをはじめて知りました。とくに担当編集者の礒田千紘さんの細かい気遣い・心配りに心から感謝しています。何度も助けていただきました。

そして、何よりもこの本を手にとってくださった読者の皆様、最後まで読んでくださり本当にありがとうございました。

皆様が心身共に健康で、自分のベストを尽くせることを願っております。

桜井妙

元JALのトップCAが明かす
ベストパフォーマンスを発揮《はっき》する人《ひと》の「接客力《せっきゃくりょく》」

2021年 4月30日　初版発行

著　者……桜《さくら》井《い》妙《たえ》
発行者……塚田太郎
発行所……株式会社大和出版
東京都文京区音羽1-26-11　〒112-0013
電話　営業部03-5978-8121／編集部03-5978-8131
http://www.daiwashuppan.com
印刷所……誠宏印刷株式会社
製本所……ナショナル製本協同組合
装幀者……岩永香穂（MOAI）

ISBN978-4-8047-1879-8